Ulrich Wendel

Führende Frauen in der Bibel

Priska, Junia & Co.

W0379466

Ulrich Wendel

Führende Frauen in der Bibel

Priska, Junia & Co.

BRUNNEN
VERLAG GIESSEN · BASEL

Dr. Ulrich Wendel ist Pastor. Studium der Theologie am Theologischen Seminar des Bundes Evangelisch-Freikirchlicher Gemeinden und an der Universität Hamburg mit Promotion im Fach Neues Testament. Pastorendienst bis 2002 in Lüneburg, seitdem in Marburg

2., ergänzte Auflage 2007

© 2003 Brunnen Verlag Gießen
Lektorat: Petra Hahn-Lütjen
Umschlagmotiv: ifa, Düsseldorf
Umschlaggestaltung: Sabine Schweda
Satz: DTP Brunnen
Druck und Bindung: Ebner und Spiegel, Ulm
ISBN 978-3-7655-4006-6

Inhalt

Ein persönliches Vorwort

Lieber Ulrich,
weißt du, was der seltenste, leckerste und teuerste Pilz der französischen Fünf-Sterne-Gastronomie ist? So edel, dass man ihn meist nur zu feinen Spänen geschabt als Gewürz verwendet?

Die Trüffel. Genau. („Die" Trüffel übrigens im Singular. Weiblich ...) Die *Tuber brumale,* so die wissenschaftliche Bezeichnung, wächst unterirdisch, meist unter Eichenwurzeln bzw. mit ihnen zusammen. Durch die Laubwälder des Perigord tappen also täglich tausende von Spaziergängern, die nicht ahnen, über welche herrlichen Kostbarkeiten und wertvollen Schätze sie gerade hinweggehen.

Und weißt du, wie erfahrene Rundfunk- und Fernsehredakteure der ARD einen Kollegen nennen, der unter einer vermeintlich altbekannten Geschichte das bisher Unentdeckte, das Außergewöhnliche, das entscheidend Neue ausgräbt? Der genauer hingeschaut, hartnäckiger nachgefragt, fleißiger recherchiert hat als der Durchschnitt und deshalb plötzlich den Knaller präsentieren kann, den alle anderen übersehen haben?

– „Trüffelschwein!"

Bitte nimm es als Ehrentitel: Für mich bist du das Fünf-Sterne-Trüffelschwein unter den Bibelauslegern.

Millionen fromme Leser sind über dieselben Texte gegangen wie du, zigtausende von Pfarrern und Predigern haben dieselben Stellen abgesucht wie du und meist nur die sattsam bekannten Bestandteile geistlicher Hausmannskost gefunden. Du hingegen hast mit einem geradezu genialen Geruchssinn ausgerechnet unter den gestandenen Eichen zentraler Bibeltexte lauter kirchengeschichtliche Trüffel ausgegraben! Die, richtig zubereitet, theologische, spirituelle und letztlich arbeitsrechtliche Konsequenzen haben.

Dass Rom schon mal eine Apostelin hatte, dass Paulus zeitweilig der Untergebene einer Geschäftsführerin war und dass weise Omas die kirchliche Lehrbefugnis besaßen. – Seltene und leckere Erkenntnisse für Kopf und Herz, die du obendrein so raffiniert servierst, dass ich beim Lesen herzlich lachen konnte. (Normalerweise muss ich beim Lesen frommer Bibelkommentare nur herzhaft gähnen.)

Ach so: Teuer sind echte Trüffel auch. Richtig teuer. Wer, wie ich, die französisch genuschelten Zahlen der Marktfrauen im Perigord nicht versteht, gefährdet die Reisekasse und den Urlaubsfrieden.

Wer, wie noch so manche traditionell evangelikale Freikirche oder Gemeinschaft, qualifizierten Frauen prinzipiell das Predigen, das Leiten und das Lehren verbietet, nur weil sie Frauen sind … der kann sich nach deinem Buch vielleicht noch auf die Tradition seiner Kirche oder Organisation berufen. Aber nicht mehr auf das Neue Testament.

Dafür dankt dir, neben der weiblichen Mehrheit der Christenheit, auch ein Mann:

Andreas Malessa

Kapitel 1

Mitgegangen, mitgefangen

Junia, die „transsexuelle" Apostelin

Als Junia in ihrer vermutlich kalten Gefängniszelle saß, ungewiss über den Ausgang ihres Verfahrens und ohne Garantie, dass sich nicht irgendein Gefängniswärter an ihr vergreifen würde, da mögen ihre Gedanken über die Gleichberechtigung gemischt gewesen sein.

Ohne Gleichberechtigung wäre sie hier nicht gelandet. Sie hatte ebenso wie ihre Glaubensbrüder öffentlich von Jesus Christus geredet, denn Jesus Christus hatte sie ebenso wie ihre Glaubensbrüder dazu beauftragt. Nun allerdings musste sie – ganz gleichberechtigt – auch den Preis dafür bezahlen: verhaftet und ins Gefängnis gesteckt. Wenn schon nicht mitgehangen, dann doch mitgefangen, weil mitgegangen. Dass im selben Gefängnis, irgendwo in anderen Zellen, zugleich auch ihr Mann Andronikus und der Apostel Paulus saßen, war vielleicht ein Trost, doch es änderte die Lage nicht.

Wer von den Dreien diese Zwangslage besser durchhalten würde – Junia und Andronikus oder der Apostel Paulus –, darauf hätte man damals besser keine Wetten angenommen. Paulus sammelte zwar auf lange Sicht letztlich die größere Gefängniserfahrung, ohne seinem Herrn abzuschwören. Doch im Vergleich mit Andronikus und Junia brachte er nicht unbedingt die besseren Voraussetzungen mit. Die beiden waren länger Christen, als Paulus es war, sie waren vor ihm zum Glauben gekommen und hatten also länger Zeit gehabt, ihren Glauben zu festigen.

Jesus Christus war ihnen nicht nur irgendwie begegnet, sondern er hatte sie auch ausgesandt, zusammen mit weiteren Jüngern. Daher ihr Auftrag und der Name für ihren Dienst: Apostel bzw. Apostelin. Bei welcher Gelegenheit Jesus diesen Auftrag gegeben hatte, ist nicht mehr zu ermitteln: ob es in der Nacht nach Ostern war, als die elf engsten Jünger zusammen mit weiteren zusammensaßen und der auferstandene Jesus hinzukam, oder ob es die Gelegenheit war, als

Jesus fünfhundert Glaubenden zugleich erschien. Seitdem jedenfalls war Junia Apostelin. Und zwar eine der bedeutenderen: Möglicherweise hatte sie einen großen Wirkungskreis und galt daher als erfolgreich; vielleicht aber wirkte sie auch in besonders beeindruckender Art und Weise. Ob Quantität oder Qualität – ihr Apostel-Kollege Paulus bestätigte später, dass sie zu den angesehenen, ausgezeichneten unter den Aposteln gehörte.

Junia war Jüdin und lebte zumindest eine Zeit lang in Israel, denn dort war sie ja von Jesus Christus zur Apostelin berufen worden. Später jedoch verschlug es sie – zusammen mit ihrem Mann – nach Rom. Dort erreichen sie briefliche Grüße des Mitapostels Paulus. Aus der Adresse des Briefes können wir ihren Aufenthaltsort erschließen. In die Zeit zwischen Apostelberufung und brieflichem Gruß fiel ihr Gefängnisaufenthalt. Wahrscheinlich passierte das in Cäsaräa: Dieser Ort muss dann als Zwischenstation zwischen Jerusalem und Rom gelten.

Hintergrund:

Alle Angaben sind zu erschließen aus Röm 16,7:

> *Herzliche Grüße auch an Andronikus und Junia, meine jüdischen Landsleute, die mit mir wegen ihres Glaubens im Gefängnis waren. Beide sind ja noch vor mir Christen geworden und sind als Apostel hoch angesehen.*

Dass Andronikus und Junia miteinander verheiratet waren, geht nicht zwingend aus dieser Notiz hervor. Wenn jedoch beide Juden wie Paulus waren, beide vor ihm zum Glauben gekommen waren, beide mit Paulus im Gefängnis gesessen haben, beide „ausgezeichnete" Apostel waren und beide nun in Rom zu finden sind, dann ist es recht wahrscheinlich, dass sie ein Ehepaar waren.

Über die Situation der Berufung zum Apostel kann man nur spekulieren. Lk 24,33-49 sagt, dass noch weitere Jünger, darunter auch Frauen, anwesend waren, als der Auferstandene den elf

Jüngern begegnete und sie aussandte. (Sie begegnen uns in Kapitel 6 wieder.) Von der Erscheinung des Auferstandenen vor 500 Männern spricht 1Kor 15,6 – sicherlich waren auch Frauen dabei, die Paulus nicht extra erwähnt.

Der Gefängnisaufenthalt des Paulus in Cäseräa dauerte ca. zwei Jahre, um 56–58 n.Chr. Damit haben wir eine feste Jahreszahl für die Biografie auch von Junia. Zwar gab es noch einen weiteren Gefängnisaufenthalt von Paulus, nämlich in Rom, aber der kommt für die gemeinsame Gefangenschaft mit Andronikus und Junia nicht infrage, denn Paulus war ja noch nicht in Rom gewesen, als er den Römerbrief schrieb.

Doch waren Andronikus und Junia überhaupt Apostel? Oder sagt Paulus nur, dass sie bei den Aposteln angesehene Leute waren (ohne selbst Apostel gewesen zu sein)? Sprachlich wäre zwar möglich, „angesehen *bei* den Aposteln“ statt „angesehen *als* Apostel“ zu übersetzen – aber wahrscheinlich ist es nicht. Denn die Römer hätte es wohl weniger interessiert, dass da zwei Leute bei irgendwelchen entfernt lebenden und wirkenden Aposteln anerkannt gewesen sind. Dass deren Urteil bei den Römern stark ins Gewicht fallen würde, dürfte doch fraglich sein. Wenn die Gegrüßten jedoch selbst Apostel waren, geachtete noch dazu, dann war das in Rom wohl eher aussagekräftig: Echte, anerkannte Apostel leben in ihrer Mitte!

Entscheidend aber ist: In den ersten Jahrhunderten nach Abfassung des Briefes hat man beide, Andronikus und Junia, aufgrund dieses Grußes als Apostel betrachtet und den Vers genau so verstanden: „angesehen *als* Apostel“ – obwohl es für die nicht zu leugnenden frauenfeindlichen Tendenzen dieser Jahrhunderte doch willkommen gewesen wäre, Junia aus dem Apostelkreis auszuklammern.

Wie wir gleich sehen werden, geschah später gerade dies: Junia sollte nicht mehr als Apostelin gelten. Es geschah aber auf andere Weise – nicht dadurch, dass man übersetzte: „angesehen bei den Aposteln“. Für die Ausleger der ersten Jahrhunderte war es also der eindeutige Sinn des Textes, dass beide genannten Personen Apostel waren.

Eine ausgezeichnete Apostelin, die in ihrem Apostolat Paulus vorausging. Es ist keine Überraschung, dass die spätere Kirche damit Schwierigkeiten bekam: eine Frau mit dieser Berufung! Erstaunlich ist eher, dass diese Schwierigkeiten vergleichsweise spät einsetzten. Noch Ende des 4. Jahrhunderts sagte der Bischof und populäre Prediger Johannes Chrysostomus (der Name heißt übersetzt „Goldmund", und nicht wenige Frauen werden diesem Beinamen zustimmen, wenn sie das folgende Zitat gelesen haben):

> *Es ist schon etwas Großes, ein Apostel zu sein; aber erst unter den Aposteln hervorragend zu sein, bedenke, was das für ein Lob ist! Hervorragend waren sie von ihren Werken her; von den guten Taten her; oh, und wie groß ist die Philosophie dieser Frau, dass sie der Zurechnung zu den Aposteln für würdig erachtet wurde!*[1]

Erst später konnte nicht mehr sein, was nicht sein durfte. Was geschah?

An dieser Stelle sind Sie eingeladen, selbst mit dem biblischen Text zu experimentieren. Sie können so entdecken, welche Schwierigkeiten der biblische Originaltext enthält und wie es dazu kam, dass dieser Text später seine spezielle Auslegungsgeschichte erfuhr. Wenn Sie das Experiment überspringen und lieber gleich zu den Ergebnissen kommen wollen, dann lesen Sie bitte auf Seite 13 weiter.

Unser Experiment knüpft bei der Tatsache an, dass die ersten neutestamentlichen Originaltexte in Großbuchstaben und ohne Zwischenräume zwischen den Wörtern geschrieben wurden. Wenn wir nun einen deutschen Vergleichstext konstruieren, der dem Text von Röm 16,7 ähnelt, dann könnte dabei Folgendes herauskommen:

GRÜSSEGEHENANDIEADRESSEHEINRICHSUNDANDREAS MEINERVERWANDTEN…

Und nun das Experiment: Finden Sie zunächst die Abtrennung der Wörter heraus. Sie können dazu mit Bleistift senkrechte Striche in den Text setzen. Danach ermitteln Sie bitte, von welchen beiden Personen die Rede ist. An wen gehen die Grüße? Wie heißen die Personen? Gibt es mehrere Möglichkeiten? Handelt es sich um Männer oder Frauen?

Was geschah also mit Junia? Sie wurde quasi einer Geschlechtsumwandlung unterzogen. Aus Junia wurde Junias – und wer Röm 16,7 in seiner Bibel nachliest, wird in den meisten Ausgaben tatsächlich den Männernamen Junias finden. Junia wurde also zur ersten und wohl einzigen „transsexuellen Apostelin"; nicht aus eigener Neigung, sondern durch die spätere offizielle kirchliche Lesart. Freilich war hier keine bloße Willkür im Spiel, vielleicht nicht einmal böse Absicht. Dem biblischen Text wurde keine Gewalt angetan. Rein grammatisch ist es tatsächlich möglich, statt Junia auch den Männernamen Junias zu lesen. Denn der Name steht – grammatisch – im Akkusativ (zu Deutsch: der Wen-Fall, der Vierte Fall; die Form, die auf die Frage „wen oder was" [... grüßt Paulus?] antwortet). Dieser Akkusativ aber lautet für den Frauen- wie für den Männernamen gleich. Allein der Akzent sitzt anders. Dadurch war es durchaus möglich, hinter dem von Paulus geschriebenen Namen einen Mann zu vermuten. In einem geistigen Umfeld, in dem ein weiblicher Apostel weit außerhalb jeder Vorstellung lag, „konnte" man diese Stelle wohl kaum anders verstehen. Richtig jedoch ist diese Auffassung nicht. Denn für die Zeit des Neuen Testaments ist der Männername Junias nicht belegt; d.h. er kommt in keiner uns bekannten antiken Schrift aus dieser Zeit vor; auch nicht in weltlichen, außerbiblischen Schriften! Der Frauenname Junia allerdings sehr wohl.

Hintergrund:
Die griechische Sprache arbeitet wie z. B. die französische mit Akzenten (´ ` ^). Die ältesten Handschriften des Neuen Testaments wurden jedoch in Großbuchstaben geschrieben. Dadurch war es nicht möglich, Akzente zu setzen. Der entscheidende Akzent, der darüber bestimmte, ob es nun ein Männer- oder ein

Frauenname war, fehlte also zunächst. Im Deutschen kann man diese Schwierigkeit nachmachen, indem man einen Text in Großbuchstaben notiert (so wie es in den ersten neutestamentlichen Handschriften der Fall war) und dabei einen Personennamen verwendet, der auf „s" endet. (Die Leserinnen und Leser, die das Experiment auf Seite 12 gemacht haben, wissen bereits Bescheid und mögen die Wiederholung verzeihen.) Ein Satz wie der folgende wäre dann auf zweierlei Weise auflösbar:

GRÜSSE GEHEN AN DIE ADRESSE HEINRICHS UND ANDREAS MEINER VERWANDTEN ...

Grüße gehen hier an Heinrich und Andrea. Oder an Heinrich und Andreas? Beides wäre möglich, je nachdem, ob man „an die Adresse Heinrichs und Andreas, meiner Verwandten" liest oder „Heinrichs und Andreas' ". Der entscheidende Unterschied liegt hier im Apostroph. Er bestimmt über das Geschlecht.

Dasselbe „Dilemma" findet sich nun im griechischen Text von Röm 16,7; anstelle des Apostrophs kommt es hier auf den Akzent an. Allerdings: Als man später die griechischen Handschriften in Kleinbuchstaben abschrieb und also Akzente setzen musste, wurde der Akzent sehr häufig so gesetzt, dass eindeutig der Frauenname Junia dabei herauskam. Auch altkirchliche Übersetzungen in andere Sprachen lasen den Frauennamen.[2] Erst weitere Jahrhunderte später änderte sich das – aus Junia wurde Junias.

Unsere deutschen Bibelübersetzungen sind dem gefolgt. Erst die neuere Revision (Überarbeitung) der „Bibel im heutigen Deutsch" („Gute Nachricht") korrigiert wieder zurück zu „Junia" – entsprechend den wissenschaftlichen Erkenntnissen, dass es den Namen „Junias" damals eben nicht gab. Neuerdings ist die Revision der Übersetzung „Hoffnung für alle" gefolgt. Interessant übrigens, dass ältere Übersetzungen (auch solche, die in der Geschlechterfrage als konservativ gelten müssen) die vermeintlichen beiden Männer Andronikus und „Junias" problemlos als Apostel gelten ließen. Solange man annahm, es wäre eben von Männern die Rede, kam niemand auf die Idee, man müsse übersetzen: „angesehen bei den Aposteln." So spricht der gewiss nicht emanzipationsverdächtige Ausleger Adolf Jülicher 1907 von

> *„den beiden Judenchristen, die einmal mit Paulus das Gefängnis geteilt hatten und die er geradezu unter die Apostel, d.h. unter die berufsmäßigen Verkündiger des Evangeliums einrechnet"*[3].

In der Annahme, Paulus schreibe von Männern, war es für Jülicher völlig klar, dass beide Apostel waren.

Erst als man sich der Einsicht nicht entziehen konnte, es müsse „Junia" heißen, kam der Übersetzungsvorschlag „angesehen bei den Aposteln" in die Diskussion – ein Vorschlag, der Junia wiederum aus der Gruppe der Apostel ausklammern würde.

Junia ist der Beweis, dass es zu neutestamentlicher Zeit durchaus weibliche Apostel gab. (Und nicht der einzige Beweis, wie Kapitel 6 zeigen wird.) Junia teilte mit ihren männlichen Kollegen nicht nur die Beauftragung durch Jesus Christus und die Aufgabe, das Evangelium öffentlich bekannt zu machen. Sie teilte gleichermaßen die Repressionen, die Christen damals dafür einstecken mussten: Verhaftung und Gefängnis.

Frau Junia dürfte für viele Leserinnen und Leser dieses Buches bisher unbekannt gewesen sein. Allein diejenigen, die ihre Bibel aus der revidierten Fassung der „Guten Nachricht" oder der „Hoffnung für alle" lesen und die Röm 16,7 aufmerksam wahrgenommen haben, treffen in Junia eine Bekannte. Alle anderen aber können sich trösten. Nicht nur damit, dass sich bei den Übersetzern Junia erst allmählich bekannt macht. Auch das Internet – brandaktuell, täglich auf dem neuesten Stand, oder? – ist hier noch nicht so weit. Die Babynamen-Suchmaschine „firstname.de" kennt zwar beide Vornamen, Junias und Junia. Wenn man aber die spezifische Suchoption „biblische Namen" aktiviert, erscheint nur noch Junias! Die Redaktion des die Datenbank betreibenden Adressbuchverlags ist hier theologisch nicht auf der Höhe. Die Leserinnen und Leser dieses Buches dagegen sind jetzt schlauer als das Internet!

Kapitel 2

Priska sagt dreimal, wo's langgeht

Leinwand! Was Priska mehr als andere Menschen ständig vor Augen hatte, war Leinwand. Entweder wenn sie arbeitete – und das war bei kleinen Handwerkern wie ihr der Normalfall von morgens bis abends. Leinwand kaufen, abmessen, zuschneiden, zusammennähen, zusammenlegen, verschnüren, verkaufen. Oder aber Priska war mal wieder auf Reisen; zog mit Ehemann und zusammengepacktem Werkzeug um. Und das auf den Strecken Italien – Griechenland, Griechenland – Kleinasien (heutige Türkei), Kleinasien – Italien und wieder zurück: alles also per Schiff. Was aber sah sie da im Augenwinkel, wenn sie in den Mittelmeerhimmel blickte? Schiffssegel – wieder also Leinwand!

Priska war eine Zelttuchfabrikantin aus Rom. Sie betrieb mit ihrem Mann – oder ihr Mann mit ihr – einen kleinen Handwerker-Laden. Nach vorne hin wurden die Produkte verkauft, und im Hinterzimmer war die Werkstatt. Ein „work-shop" im buchstäblichen Sinne. Zudem wohnten die beiden auch dort. All das war eine beengte Angelegenheit. Unsere heutigen Gartenpavillons messen 3 mal 3 Meter; ein Werkstatt-Laden im Rom war damals nur wenig größer, im Höchstfall dreimal so groß. Unter solchen Bedingungen gehörte Priska zu den „kleinen Leuten" – eher zur unteren Mittelschicht. Was der Laden abwarf, deckte wohl so ungefähr den Lebensunterhalt.

Produziert wurde alles, was Schatten spendet: Strandzelte, Markisen für Marktstände, Sonnensegel für Amphitheater, für Straßen und Plätze zum Spielen. Die erwähnten Gartenpavillons würden heute wohl auch zur Produktpalette gehören. Zeltschneider verarbeiteten damals zwar auch außer Leinwand noch ein anderes Material: Leder, z. B. zur Herstellung von Militärzelten. Für Priska und ihren Betrieb ist jedoch Leinwandverarbeitung die wahrscheinlichere Möglichkeit: Später beschäftigten sie einen Angestellten, der das Handwerk ebenfalls beherrschte und aus der Provinz Kilikien stammte, die berühmt für ihre Leinwandproduktion war.

Hintergrund:
Priska wird in den Paulusbriefen bei diesem ihrem richtigen Namen genannt. In der Apostelgeschichte heißt sie Priszilla – das ist die Verkleinerungsform ihres Namens, so wie bei uns manche Klara „Klärchen" genannt wird.

Priska, ihr Mann Aquila, ihr Beruf und ihre römische Herkunft werden in Apg 18,2-3 erwähnt. Die Größe eines Werkstatt-Ladens kann man an anhand von archäologischen Funden rekonstruieren. In Korinth wurden Straßen mit ganzen Ladenzeilen ausgegraben. Die Läden maßen zwischen 3 x 4 und 4,5 x 6 m.[4] Diese Größenangabe ist übrigens wichtig für die Geschichte der urchristlichen Gemeinden – mehr dazu unten.

Wie aber stellt man die soziale Schicht einer antiken Berufsgruppe fest? Dazu folgendes Szenario: Im Jahr 2130 arbeiten Soziologen an einem Forschungsprojekt, das die sozialen Bedingungen der Berufsgruppe „Taxifahrer" vor 100 Jahren erhellen möchte. Leider sind alle großen Kulturstätten in Deutschland mittlerweile in Schutt und Asche gesunken. Aus den Trümmern der ehemals bedeutenden Stadt Frankfurt am Main kann ein Trupp jedoch noch einige verschrammte Festplatten ausgraben. Im Computerlabor werden sie als das Archiv der FAZ identifiziert. Wiederherstellbar sind allerdings nur noch einige Dateien mit den Todesanzeigen. Dies ist das Material, von dem die Soziologen ausgehen. Sie stellen fest, dass die Berufsbezeichnung „Taxifahrer" deutlich unterdurchschnittlich vertreten ist. Aus mündlicher Überlieferung wissen sie, dass der Beruf gerade in einer Großstadt recht häufig gewesen sein muss. Die Forscher wissen auch, dass die FAZ eine Zeitung für den gehobenen Geschmack gewesen ist. Also ziehen sie die Schlussfolgerung: Wenn hier Taxifahrer unterdurchschnittlich oft vorkommen, müssen sie einer sozial niedrigeren Schicht angehört haben.

Was sich hier witzig liest, ist – so ähnlich – durchaus die Methode von Historikern.[5] Dass es in Rom viele Zelttuchfabrikanten gab, ist historisch gesichert. Doch auf den zahlreichen Grabsteinen, die man ausgegraben hat, ist dieser Beruf unterrepräsentiert. Offenbar deshalb, weil diesen Handwerkern die Mittel für einen ausführlich beschrifteten Grabstein fehlten – bzw. weil dieser Beruf nicht ein solches Prestige hatte, dass er auf einem Grabstein neben dem Namen des Verstorbenen genannt worden wäre.

Wenn es übrigens zutrifft, dass Priska und Aquila nur Leinwand und kein Leder verarbeiteten, dann waren sie auch keine zivilen Zuarbeiter für die römische Rüstungsproduktion. Ethisch also ein unbedenklicher Job.

Priska und ihr Mann Aquila waren Juden, und wie so oft in der Geschichte vor und nach ihnen bekamen sie deswegen Scherereien. Kaiser Klaudius führte irgendwelche Aufstände damals bequemerweise auf die Juden zurück und wies sie alle aus Rom aus. Der erste größere Umzug stand bevor. Das Ehepaar landete in Korinth. Dort war der Markt für Leinwandprodukte nicht schlecht, denn als ein Kollege, ebenfalls Jude, zu ihnen stieß, stellten sie ihn ein (und ließen ihn auch bei sich wohnen). Der Laden muss drei Leute ernährt haben können.

Der neue Angestellte war nicht nur Jude, sondern hatte auch bereits seinen Messias gefunden: Er war Christ, und zwar einer, der sehr offensiv von Jesus redete. Ob Aquila und Priska erst jetzt ihrerseits Christen wurden oder ob sie schon in Rom zu Jesus gefunden hatten, weiß man nicht genau. Ihr Laden wurde jedenfalls zur Ausgangsbasis des missionierenden Zeltschneiders namens Paulus. Sein Angestelltenverhältnis war letztlich ein kurzes Intermezzo. Als weitere Männer aus seinem reisenden Missionsteam kamen, konzentrierte sich Paulus ganz darauf, Juden von Jesus zu überzeugen. Anfangs jedoch passierte das wochentags im Werkstattladen von Aquila und Priska: Ihre Angebotspalette hatte sich also erweitert, neben Leinwandprodukten gab es nun auch Evangelium.

Dies war das erste Mal, dass Priska in die Lage kam, zu sagen, wo's langgeht. Sie war gemeinsam mit ihrem Mann Vorgesetzte und Arbeitgeberin von Paulus. Der also hat sich Rohstoff und Kunden nicht selber gesucht, auch nicht entschieden, ob er lieber Strandzelte oder Markisen nähte, sondern war Weisungsempfänger des Ehepaars. Für Priska selbst heißt das noch nicht viel – außer dass sie offensichtlich so viel Übersicht hatte, dass sie mit ihrem Mann zusammen einen Laden betreiben konnte. Für Paulus und seine Theologie aber ist diese Zeit bedeutsam. Alles, was er später in seinen Briefen über das Verhalten im Beruf und über das Verhältnis von Arbeitgeber und Arbeitnehmer schreiben wird, ist „geerdet" durch die eigene Berufserfahrung als Angestellter.

Hintergrund:
Wahrscheinlich sind Priska und ihr Mann schon in Rom Christen geworden. Ein Bericht über ihre Bekehrung durch den Kontakt mit Paulus in Korinth hätte dem Kirchengeschichtler Lukas zweifellos gut in sein Konzept der Apostelgeschichte gepasst – ein solche Bericht fehlt aber. Auch ist es fraglich, ob Paulus sich mit seiner Missionsabsicht bei ihnen einquartiert hätte, wenn sie noch nichtchristliche Juden gewesen wären. Christen in Rom gab es sicherlich schon vor 49 n. Chr. (dem Jahr des kaiserlichen Edikts, die Juden auszuweisen). Für die Römer machte es keinen Unterschied, welcher speziellen Richtung ein Jude anhing – ob irgendein messiasgläubiger Spezialfall darunter war.

Was hat Paulus später über Arbeitgeber und Arbeitnehmer geschrieben? Unter anderem die Abschnitte über Sklaven und Sklavenhalter (Eph 6,5-9; Kol 3,22-4,1). Zwar war ein Sklave rechtloser als ein Angestellter, doch in etlichen Bereichen glichen sich die praktischen Arbeiten. Nicht wenige Sklaven hatten beträchtliche Verantwortung, etwa für Kindererziehung, Haushaltskasse, eine gesamte Haushaltsführung oder eine handwerkliche Produktion. (Daneben gab es natürlich auch die zermürbende Schinderei in der Dunkelheit der Bergwerke.) Ohne schönzufärben: Sklave etwa in einem wohlhabenden Hauswesen zu sein, bedeutete auch eine gewisse Sicherheit (wenn auch keine berechtigten Ansprüche darauf). Auf diesem Hintergrund kann man die Abschnitte von Paulus durchaus als eine „Ethik für Arbeitgeber und Arbeitnehmer" lesen.

Der Job bei Aquila und Priska war für Paulus natürlich nicht die einzige Erfahrung als Arbeitnehmer. Für einen jüdischen Rabbinen war es völlig normal, ein „weltliches" Handwerk auszuüben. Aber mit der Episode im Laden des Ehepaares haben wir diese Arbeitnehmer-Erfahrung nun auch innerhalb eines Bibeltextes greifbar.

Als Paulus nach Ephesus weiterzog, kamen Priska und Aquila mit (ihr nächster Umzug). Hier begannen sie die Arbeit, die fortan prägend für ihren Beitrag am Reich Gottes sein sollte: Sie sammelten eine Gemeinde in ihrem Werkstatt-Laden – eine Hausgemeinde. Wer durch die Missionsarbeit von Paulus zum Glauben kam, konnte hier sogleich eine geistliche Heimat finden. Keine Frage, dass diejenigen, die schon länger Christen waren und mehr Erfahrung hatten, diese Hausgemeinden leiteten: Priska und Aquila eben, in deren Haus man ja auch zusammenkam. Doch kann man noch genauer sagen, wer denn wirklich „der" Leiter der kleinen Gemeinde war: Es war Priska, es war also eine Leiterin. Wenn sie im Handwerk auch ihrem Mann gleichberechtigt zur Seite stand, so stand Aquila im geistlichen Bereich doch im Hintergrund. Priska gab den Ton an – die zweite Gelegenheit, dass sie sagte, wo's langging. Und das nicht nur einmal, sondern fortan dauerhaft.

Denn als nach einiger Zeit wieder ein Umzug anstand, zurück nach Rom, finden wir sie wieder inmitten ihrer Hausgemeinde vor. Hausgemeinden leiten war Priskas geistliche Lebensberufung geworden. Welche Aufgaben genau dazugehörten, können wir nicht lückenlos sagen. Auslegung von Gottes Wort wird dazugehört haben – Priska hatte eine ausgewiesene theologische Befähigung. Leitung von Gottesdiensten und seelsorgliche Verantwortung für Einzelne wird man auch dazuzählen dürfen.

Irgendwann später sind die beiden noch einmal umgezogen:

wieder nach Ephesus. Ob sie auch dort eine Hausgemeinde hatten, wissen wir nicht. Wenn nicht, so wäre es im Vergleich zu ihrem bisherigen Leben die Ausnahme. Auf jeden Fall aber hatten sie in der Gemeinde (oder den Gemeinden) von Ephesus geistlichen Einfluss, und wieder war Priska es, die dabei in erster Reihe stand, vor ihrem Mann.

Hintergrund:
Vom ersten Umzug nach Ephesus erfahren wir in Apg 18,19. Dass sie dort eine Hausgemeinde hatten, steht in 1Kor 16,19. Am Ende dieses Briefes, der von Ephesus aus geschrieben wurde, grüßen die beiden gemeinsam mit ihrer Hausgemeinde. Grüße nicht *von* den beiden, sondern *an* sie stehen später am Schluss des Römerbriefes, und wieder ist ihre Hausgemeinde eingeschlossen. Wenn Paulus nach Rom grüßt, müssen die beiden also zwischenzeitlich dorthin gezogen sein. Der letzte Gruß an sie steht im zweiten Timotheusbrief, der wohl nach Ephesus ging. Die Abfasssungsverhältnisse dieses Briefes sind umstritten. Er ist aber wohl nach dem Römerbrief geschrieben worden, sodass Ephesus nach Rom die letzte Station für Priska und Aquila ist, die wir kennen. In der Theologie wird oft angenommen, der 2. Timotheusbrief sei in Wirklichkeit gar nicht von Paulus geschrieben worden (eine Annahme, der ich mich so nicht anschließe). Dennoch dürfte der zweite Ephesus-Aufenthalt von Priska und ihrem Mann geschichtlich korrekt sein. Wenn denn jemand einen Paulusbrief hätte fälschen wollen, hätte er ja möglichst glaubhafte Fakten einbauen müssen. Historische Tatsachen wie den Aufenthalt des Ehepaars einfach zu erfinden, hätte sich ein geschickter Fälscher nicht leisten können.

Am Beispiel von Priska und Aquila können wir kirchengeschichtlich etwas über die gewöhnliche Größe der ersten Gemeinden sagen. Wenn sie einen besonders großen Werkstatt-Laden hatten, so maß der etwa 27 m^2. In so ein Haus werden ungefähr zwanzig Leute hineingepasst haben. In dieser Größenordnung müssen wir uns also die Gemeinde (bzw. die einzelnen Teile des Hausgemeindeverbands) vorstellen, an die der Brief an die Korinther ging. Die Tausender-Zahlen über die Jerusalemer Urgemeinde in Apg 2-5 waren also deutlich die Ausnahme.

Zur Leitungsposition von Priska: Ihre theologische Befähigung wird im folgenden Abschnitt beschrieben. Auffällig und aussagekräftig auf dem Hintergrund der damaligen Verhältnisse ist: In den sechs Stellen, wo das Paar im NT erwähnt wird (Apg 18,2f.; 18,18f.; 18,26f.; Röm 16,3-5; 1Kor 16,19; 2Tim 4,19), steht Priska viermal an erster Stelle und ihr Mann an zweiter. (Für Apg 18,26 sollte man nicht die Lutherübersetzung vergleichen; sie basiert hier auf einer unrichtig überlieferten Handschrift. Die Einheitsübersetzung z.B. ist hier korrekt.) Diese Reihenfolge weicht deutlich ab von den normalen Gepflogenheiten und muss einen Grund haben. Unter den vier „Ladies-first"-Stellen sind die Notiz über ihre römische Hausgemeinde und die folgende Begebenheit:

Zurück zum ersten Aufenthalt in Ephesus. Die dortige christliche Szene, die bisher durch Priskas Hausgemeinde geprägt war, bekam irgendwann frischen Wind. Ein Junger Wilder namens Apollos betrat die Stadt. Hochschulabsolvent aus einer der bedeutendsten Universitätsstädte, Alexandrien in Ägypten, ein glänzender Rhetoriker, bibelfest und lebendig erfüllt mit dem Heiligen Geist. Er machte da weiter, wo Paulus aufgehört hatte, und redete öffentlich über Jesus. Ein willkommener evangelistischer Input für die Hausgemeinde. Mit einem Haken aber: Apollos war theologisch nicht überall gleichmäßig auf der Höhe. In Sache Taufe vertrat er eine veraltete Version (die Auffassung von Johannes dem Täufer); er hatte – um es technisch auszudrücken – das letzte theologische Update verpasst.

Das blieb Aquila und Priska nicht verborgen. Ob sie innerlich erst tief Luft holen mussten, um zu tun, was sie schließlich taten? Sie, die nicht mehr ganz jungen, einfachen, finanziell niemals zu einem Studium fähigen Handwerker winkten den Akademiker heran, nahmen ihn unter ihre Fittiche und gaben ihm theologischen Nachhilfeunterricht; sie „legten ihm den Weg Gottes noch genauer aus", wie es wörtlich heißt. Mit dieser Vertiefung konnte er seine spezielle Aufgabe noch besser erledigen, nämlich begonnene Evangelisationsarbeiten fortführen und theologisch untermauern.

Hintergrund:
Die Stadt Alexandria war bekannt für ihre Medizin-, Philosophen- und Rhetorikschulen und verfügte über eine bedeutende Bibliothek. Die wichtige, damals weit verbreitete griechische Übersetzung des Alten Testaments („Septuaginta") ist hier entstanden. Auch der bedeutendste Denker des Griechisch sprechenden Judentums kam hierher: Philo von Alexandrien.

Zur speziellen Aufgabe von Apollos: Als er nach Ephesus kam (Apg 18,24-28), knüpfte er an die Mission von Paulus an. Danach ging er nach Korinth, wo ebenfalls bereits eine Gemeinde bestand. Er war also nicht Pionier wie Paulus, sondern Fortführer und Vertiefer. Das beschreibt Paulus mit dem Bild: „Ich habe gepflanzt, Apollos hat begossen" (1Kor 3,6). Apg 18,27+28 zeigt, wie das genau aussah: Nicht dass Apollos nur innergemeindlich gewirkt hätte. Sondern er legte die Bibel für Juden so aus, dass Jesus als der Messias erkennbar wurde; das aber im Rahmen einer vorhandenen Gemeinde (Apg 18,27).

Ein drittes Mal also hat Priska gesagt, wo's langgeht: Nachdem sie Paulus die Arbeit angewiesen und ihre Leitungsaufgabe in der Hausgemeinde erstmals übernommen hat, konnte sie nun Apollos ein Licht aufstecken. Sie hat's ihnen gezeigt – nicht nur, aber auch den Männern. Dabei jedoch nicht gegen die Männer gearbeitet oder sich ständig von ihnen abgehoben, sondern – soweit wir das erkennen können – zwanglos mit ihnen zusammen. Gerade in dieser unkämpferischen Selbstverständlichkeit muss ein gehöriges Maß an gelassenem Selbstbewusstsein (oder soll man besser sagen: Berufungsbewusstsein?) gelegen haben. So entspricht es denn auch dem Geist Jesu am besten: als Team miteinander arbeiten, indem jeder das macht, was er am besten kann, und jeder den Dienst annimmt, den er nötig hat, egal ob Mann oder Frau.

Kapitel 3

Nicht unterm Häubchen

Phöbe und ihre verschollenen Kolleginnen

Was ist der Unterschied zwischen einer Sekretärin und einem Sekretär? Wobei hier nicht das Möbelstück mit „Sekretär" gemeint ist, sondern die Person. Eine Sekretärin ist zweifellos eine Schreibkraft. Der Chef sitzt nebenan. Beim Sekretär dagegen denken wir nicht automatisch an einen untergeordneten Büroangestellten. Wörter wie „Generalsekretär" oder „Parteisekretär" versetzen diesen Mann eher ins Chefzimmer. Dasselbe Wort – doch wir füllen es unterschiedlich, je nachdem ob ein Mann oder eine Frau gemeint ist. Dabei ist es keineswegs zwingend, bei der Sekretärin an die Schreibkraft zu denken. Der CVJM z. B. beschäftigt Sekretäre und Sekretärinnen, und beide tun das Gleiche: Sie koordinieren und leiten die Arbeit vor Ort, sie schulen Mitarbeiter, führen Gruppenstunden durch, halten Andachten.

Die Frau, der dieses Porträt gilt, glich eher einer CVJM-Sekretärin als einer Schreibkraft: Phöbe, eine Christin aus Griechenland, die ziemlich genau in der Mitte des ersten Jahrhunderts nach Christus lebte. Zu Hause war sie in einer Hafenstadt, die als Seeverbindung einer wichtigen Großstadt fungierte. So wie Bremerhaven der Anschluss Bremens an die Nordsee ist, so war Kenchreä die Hafenstadt von Korinth.

Phöbe war wahrscheinlich Single, reiseerfahren und wohlhabend. Ganz ohne Vermögen wäre sie wohl nicht zu dem Titel gekommen, den sie hatte: Phöbe war nicht einfach Mitglied der Gemeinde von Kenchreä, sondern Patronin dieser Gemeinde.

Hintergrund:
All diese Einzelheiten über Phöbe sind aus Röm 16,1-2 herauszulesen. Dort ist ihr Herkunftsort und die Bezeichnung „Patronin“ vermerkt. Dabei fehlt ein Hinweis auf ihren Mann, sodass sie entweder als Witwe oder als Single zu gelten hat.

„Patron“ war im römischen Reich eine bestimmte Funktion der damaligen Gesellschaftsordnung. Dabei gab es unterschiedliche Betätigungsmöglichkeiten – also verschiedene Zwecke oder Anlässe, warum jemand als Patron fungierte. In jedem Falle war der Patron als Schutzherr verantwortlich für einen niedriger gestellten, oft rechtlosen Menschen oder für eine Gruppe, die Führung brauchte. Aus älterer Zeit sind Patrone als „Ratsvorsitzende“ bekannt – sie hatten also eine Art politisches Führungsamt. Für die Zeit, in der Phöbe lebte, waren andere Funktionen häufiger: Der Herr eines Hauswesens ließ z. B. einen Sklaven frei. Die Beziehung zwischen Sklave und Herrn bestand danach dennoch weiter: Weil der Sklave rechtlos war, brauchte er einen befugten Vertreter und Schutzherrn – einen Patron. Ebenso benötigten zugereiste Stadtbewohner aus anderen Ländern bzw. Provinzen einen Patron, der sie z.B. in juristischen Angelegenheiten vertrat. Schließlich wurden auch solche Leute Patron genannt, die z.B. einer Stadt eine Sachspende zukommen ließen oder für die Stadt in Konflikten vermittelten: Der Patron konnte eine Art Sponsor oder so etwas wie ein Diplomat gewesen sein.[6]

Bibelauslegerinnen, die sich für Frauenbefreiung einsetzen, haben vorgeschlagen, dass Phöbe die Vorsteherin der Gemeinde Kenchreä war. Das ist nicht abwegig, wie dieses Kapitel weiter unten zeigen wird. Aus dem Wort „Patronin“ aber ist finanzielle oder juristische Schutzfunktion eher abzuleiten als die Leitungsfunktion.

Phöbe hatte verschiedene Einflussmöglichkeiten in ihrer Heimatstadt, und die setzte sie für ihre Gemeinde und für einzelne Glaubensgeschwister ein. Möglicherweise füllte sie regelmäßig die Armenkasse auf. Vielleicht hatte sie schon einmal eine Mitchristin oder einen Mitchristen vor Gericht herausgepaukt, als sie oder er – sei es mit Anlass oder zu Unrecht – angeklagt worden war. Womöglich hatte sie auch ihre Beziehungen spielen lassen, dass die Gemeinde sich in einem ausreichend großen Haus versammeln konnte. Wenn eine christliche Gemeinde zur Zeit des römischen Reichs in einer skeptischen oder feindlichen Umgebung lebte, verdankte sie oft ihre Existenzmöglichkeit solchen einflussreichen Personen wie Phöbe. Vermutlich hatte nicht nur das Wort Geltung, das Phöbe für die Gemeinde einlegte. Auch ihr Wort innerhalb der Gemeinde dürfte von Gewicht gewesen sein: Wer Geld beisteuert oder auf wessen Beistand man angewiesen ist, dessen Meinung übergeht man nicht ohne weiteres. „Wer zahlt, bestimmt die Musik" – ob die Gemeinden damals (und heute??) ganz frei von dieser Devise gewesen sind?

Hintergrund:
In Röm 16,1-2 fehlt ein Hinweis auf eine „Gemeinde in ihrem Hause", wie es für andere Christinnen und Christen notiert wird (z.B. Röm 16,3-5). Daher ist es wahrscheinlich, dass sie die Gemeindeversammlung nicht unbedingt in ihrem eigenen Haus beherbergte.

Die Hafenstadtgemeinde war nun nicht die einzige Nutznießerin von Phöbes Beistand. Jemand mit weit reichender Bedeutung für die damalige Christenheit hatte ebenfalls einmal von ihrem Einfluss profitiert: der Missionar Paulus, der die Gemeinde in der Nachbarstadt Korinth gegründet und sich für anderthalb Jahre und später noch einmal für drei Monate dort aufgehalten hatte. Wir wissen nicht, ob es eher ihr Geldbeutel oder aber ihr Bürgerrecht und damit ihre Geltung in juristischen Fragen waren, die Paulus genützt hatten. Schwierigkeiten hatte Paulus oft genug auf beiden Gebieten gehabt.

Hintergrund:
Paulus schreibt in Röm 16,2: „Sie ist für viele eine Patronin geworden, auch für mich selbst." Diese Formulierung macht

wahrscheinlich, dass Phöbe Patronin war, indem sie ihren Einfluss nutzte – und nicht, indem sie eine Leitungsfunktion hatte. Man kann den Satz kaum sinnvoll so übersetzen: „Sie ist für viele eine Vorsteherin / eine Vorsitzende geworden, auch für mich selbst."

Phöbes Beziehungen reichten weit über ihre Heimatstadt hinaus. Bestimmte Verbindungen hatte sie bis in die Reichshauptstadt Rom. Und so kam der Tag, dass sie dort eine Angelegenheit abzuwickeln hatte. Ihr persönliches Erscheinen war notwendig geworden; eine Reise wurde geplant. Alles, was wir über ihre zu regelnde Angelegenheit wissen, bewegt sich wieder exakt auf der Grenze zwischen finanziellem und juristischem Bereich. Phöbe wollte einen Kauf oder Verkauf abwickeln oder an einem Prozess teilnehmen – oder (vielleicht als wahrscheinlichste Möglichkeit?) etwas von beidem: eine geschäftliche Transaktion juristisch besiegeln lassen. Das Bild der wohlhabenden Frau rundet sich ab: Sie ist daheim imstande, Schutzfunktionen auszuüben, und ist zugleich in der Lage, in „Übersee" Geschäfte zu unternehmen.

Zur gleichen Zeit gingen zehn Kilometer entfernt die Gedanken eines Mannes ebenfalls nach Rom: Paulus schrieb in Korinth einen Brief an die dortige Gemeinde. Irgendwie muss er Wind von Phöbes Reiseplänen bekommen haben. So gab er ihr seinen Brief mit – Phöbe als Postzustellerin. Ein Deal, von dem nicht nur Paulus etwas hatte. Für Phöbe wurde der theologische Grundsatzbrief an die Römer nebenbei umfunktioniert als Empfehlungsschreiben. So gewann sie Aussicht auf Unterkunft und eine Aktionsbasis für ihre Vorhaben in der fremden Stadt: Sie konnte bei Christen unterkommen. Damit die römische Gemeinde nicht befürchten musste, eine umherziehende theologisch zwielichtige Ketzerin suchte Unterschlupf – solche Wanderprediger gab es nicht selten, und die Frage, wem man Quartier gewähren sollte und wem nicht, wurde bald zum Problem für die christlichen Gemeinden –, bescheinigte Paulus ihre Vertrauenswürdigkeit. Ihre Verdienste als Patronin waren ein willkommenes Argument.

Hintergrund:
Zur Frage, welches Projekt Phöbe in Rom vorhatte: In Röm 16,2 steht das allgemeine Wort „Sache“ oder „Angelegenheit“, das sowohl für juristische Dinge verwendet werden konnte (vgl. unser Wort „Rechtssache“) als auch für ein wirtschaftliches Geschäft.

Ist es aber denkbar, dass damals eine Frau selbstständig reisen und in eigener Sache Geschäfte abwickeln konnte? Und hatte wirklich die Aussage einer Frau im römischen Reich juristische Aussagekraft? Hätte Phöbe tatsächlich Paulus auch in irgendeinem Prozess vor einem Stadtgericht nützen können? – Unser Bild von der Rechtlosigkeit der Frauen in der Antike ist zwar im Prinzip richtig, aber nur im Prinzip. Generell waren (verheiratete) Frauen stark abhängig von ihren Männern. Aber nicht wenige Ausnahmen sind bezeugt. Wir wissen z. B. von Verwalterinnen von Landgütern, Ärztinnen, Berufssportlerinnen und von Handwerkerinnen, die immerhin zusammen mit ihrem Mann in gemeinsamer Werkstatt arbeiteten. Rechtsgeschäfte von Frauen nahmen im römischen Reich zu. Im 1. Jahrhundert v. Chr. wurde einmal der Versuch gestartet, ein Gesetz zu verabschieden, welches das Prozessrecht von Frauen einschränkt.[7] Eben das ist ein Beleg für dieses Recht – und dafür, dass es genutzt wurde. Ferner gab es Frauen in Ämtern von Stadtverwaltungen und z.B. die Leitung des städtischen Sportwesens durch eine Frau.[8] Als Faustregel kann gelten: Je ländlicher ein Wohnort, desto abhängiger war die Frau und desto eingeschränkter ihre Handlungsmöglichkeiten. Je städtischer ihre Umgebung, desto mehr Freiheiten konnte sie im Einzelfall haben. Und: Je reicher die Frau (und/oder ihre Herkunftsfamilie), desto selbstständiger konnte sie in Einzelfällen auftreten.[9]

Dass Phöbe die Überbringerin des Römerbriefes gewesen ist, steht nicht ausdrücklich im Text. Aber etwas anderes ist kaum denkbar: Wieso sollte ein anderer ihr Empfehlungsschreiben zustellen – und wie hätte Phöbe sich dann, ohne den Brief in den Händen, ausgewiesen? Sehr alte Abschriften des Römerbriefes (bereits aus dem 3. Jahrhundert) fügen als Schlussnotiz hinzu, dass der Brief von Phöbe überbracht wurde. Das kann aus logischer Kombination stammen, könnte aber auch auf Spuren historischen Wissens zurückgehen. Zumindest muss den damaligen Abschreibern diese Notiz historisch plausibel erschienen sein.

Phöbe reist also mit dem Brief im Gepäck nach Rom. Dass sie diese Reise wirklich gemacht hat und auch angekommen ist, können wir mit einiger Wahrscheinlichkeit sagen: Der Römerbrief ist uns ja erhalten geblieben; die Originalausfertigung dürfte also keinen Schiffbruch erlitten haben.

Phöbe hat der römischen Gemeinde – letztlich – Gottes Wort gebracht. Eine Frau des Neuen Testaments als – wenn man diesen Ausdruck wählen möchte – „Dienerin am Wort"! Das wäre noch nichts Besonderes. Sie hätte demnach ja Gottes Wort nicht gelehrt oder gepredigt, sondern nur schriftlich übergeben. Doch längst vor ihrer Romreise, in ihrer Heimatgemeinde in Kenchreä, war Phöbe in der Tat eine Verkündigerin. Sie muss in Gottesdiensten das Wort ergriffen haben, frisch zum Glauben Gekommene geschult haben, je nach Zuhörerschaft vielleicht auch missionarisch gepredigt haben. Denn sie war – so ist jetzt nachzutragen – Diakonin der Gemeinde in Kenchreä. Sie war das nicht nur gelegentlich, sondern übte auf Dauer diese Aufgabe aus. Nichts spricht dagegen, dass sie all das tat, was Diakone damals in den christlichen Gemeinden taten.

Hintergrund:
Exakt hier sind wir wieder beim Problem der Sekretärin angelangt. Auf die Frage: „Was macht eigentlich ein CVJM-Sekretär?" würden uns vermutlich als Antwort die verantwortlichen Gruppen- und Leitungsarbeiten einfallen, die eben zu dieser Aufgabe gehören. Wer sich ein bisschen auskennt mit der Ausbildung von CVJM-Sekretären, würde darauf hinweisen, dass darin auch theologische Schulung enthalten ist und dass die Auslegung von Gottes Wort ebenfalls zum Aufgabenkatalog des CVJM-Sekretärs gehört. Dieselbe Frage im Blick auf eine CVJM-Sekretärin beantwortet

man vielleicht etwas unsicherer. Ist das nun das Gleiche wie der CVJM-Sekretär oder ist es eine Schreibkraft? Wer vertraut ist mit der CVJM-Arbeit, weiß: Das Erste trifft zu; die Frauen haben eine gleichrangige Ausbildung und ein gleichartigen Aufgabenkatalog wie ihre männlichen Kollegen. Eines aber würde nicht passieren: Dass jemand unter einem CVJM-Sekretär einen Telefonisten oder einen untergeordneten Büroangestellten versteht.

Gehen wir mit diesem Vergleich an das Neue Testament heran! Wenn Paulus in einem seiner Briefe geschrieben hätte: „Ich empfehle euch den Diakon Apollos", dann würden wir uns fragen: Was machte damals ein Diakon? Wir würden merken, dass Paulus für sich selbst und seine Gemeinde- und Verkündigungsarbeit die Bezeichnung „Diakon" („Diener") und „Diakonie" („Dienst") verwendet. Von daher würden wir auch bei Apollos schließen: Er war Verkündiger. (Vgl. 1Kor 3,5). Wenn nun aber „zufällig" ein Frauenname neben der Bezeichnung „Diakon" steht (im Grundtext von Röm 16,1 steht tatsächlich die männliche Form „Diakon"), denken alle sofort an einen karitativen Hilfsdienst. Das heutige Bild der Diakonisse schiebt sich vor das neutestamentliche Bild des Diakons. Eine saubere Bibelauslegung lässt aber nur folgendes Verfahren zu: die naheliegendste und wahrscheinlichste Bedeutung des Wortes „Diakon", so wie Paulus es verwendet, auf die in Röm 16,1 genannte Person übertragen. Und Paulus meint mit „Diakonie" kaum eine karitative Tätigkeit. In seiner Aufzählung von Gaben in Röm 12,6-8 z.B. steht die Diakonie sachgemäß zwischen zwei anderen Verkündigungsgaben, und die (karitative) Hilfeleistung wird erst später mit einer ganz anderen Bezeichnung aufgeführt.

Für Statistiker: Die häufigsten Bedeutungen der Wort-Wurzel „diakon..." in den Briefen des NT sind:

- Wort verkündigen (z.T. mit Bezug auf den apostolischen Auftrag): ca. 28 Belege
- Geld teilen: ca. 10 Belege
- Leiten: ca. 3 Belege
- Sonstiges/Vermischtes: ca. 11 Belege
- Unsicher/Bedeutung schwer abzugrenzen: ca. 7 Belege.

Als Exkurs für theologisch Interessierte ein Zitat des Auslegers Gerhard Barth:

> *Nach der gängigen Überzeugung, die sich bis in jüngste Zeit findet, ist mit „Diakon" ein Dienst oder Amt bezeichnet, das sich vor allem der Fürsorge für die Armen und Verwaltungsaufgaben zu widmen hatte. Man meint das einmal aus der späteren kirchlichen Entwicklung, zum anderen aus der Bedeutung des zugehörigen griechischen Verbs „diakonein" entnehmen zu sollen. Doch wird hier wohl zu unkritisch das Verständnis des späteren Diakonenamtes ins Neue Testament zurückgetragen. Zwar trifft es zu, dass das Verb „diakonein" meist ein äußeres Bedienen im Sinne des Aufwartens bei Tisch bezeichnet und also auf ein Dienen in den Bereichen der äußeren, leiblichen Bedürfnisse des Menschen zielt. Aber das Substantiv „Diakon" hat diese Bedeutung nur an wenigen Stellen im Neuen Testament. In der überwiegenden Mehrzahl der Stellen dagegen ist „Diakon" die Bezeichnung für einen Verkündiger, Prediger oder Missionar. So nennen sich die Missionare, gegen die Paulus im 2.Kor. sich wenden muss, „Diakone Christi" (2.Kor.11,23). Paulus bezeichnet seine Verkündigung als „Diakonie des Geistes" (2.Kor.3,8), „Diakonie der Versöhnung" (2.Kor.5,18), sich selbst und Apollos als Diakone (1.Kor.3,5; 2.Kor.6,4), und in Röm. 12,6ff. wird die Diakonie zwischen Prophetie und Lehre genannt und nicht, wie man andernfalls erwarten müsste, zwischen „geben" und „Barmherzigkeit üben". Auch in der hellenistischen Umwelt wird „Diakon" auf Wanderprediger angewandt.*[10]

In der Tat sehen so gut wie alle neueren Kommentare Phöbe als erste Diakonisse oder als Urbild des neutestamentlichen Diakonats. Umso aussagekräftiger ist es, wenn bereits ein Kommentator aus dem nicht gerade emanzipationsverdächtigen Anfang des letzten Jahrhunderts klarstellt:

> *[...] aufgrund von [Röm 16] V.1 ist sie viel als die älteste christliche Diakonissin gefeiert worden. Aber das Wort „Dienst" vgl. [Röm] 15,8 und 1.Kor.16,15 wird von Paulus in weitem Sinn verwendet, ein Amt der Armen- und Krankenpflegerinnen hat es damals ohnehin nicht gegeben [...].*[11]
>
> Zur Beständigkeit des Dienstes von Phöbe: Der Grundtext von Röm 16,1 betont in seiner Formulierung, dass sie (ständig) Diakon der Gemeinde ist. Die Formulierung spricht nicht etwa vom Dienen als Tätigkeit, sondern vom Diakon-Sein.

Phöbe war eine fest und dauerhaft eingesetzte Wortverkündigerin ihrer Gemeinde – und trug dabei kein Häubchen.

Ob sie in der Gemeinde zu Rom wohl ihre Kolleginnen getroffen hätte, als sie die Hauptstadt erreichte? Sicher, wenn es dort ebenfalls Frauen im Verkündigungsdienst gegeben hätte. Wäre sie einige Jahrzehnte später nach Ephesus gereist, hätte sie auf jeden Fall einen netten Erfahrungsaustausch im Kolleginnenkreis haben können. Sie hätten sich z.B. darüber unterhalten können, welche Voraussetzungen unbedingt nötig sind, um Diakonin zu sein. Sie hätten dazu ihren Leitfaden zur Hand genommen, der Basisqualifikationen für Diakoninnen auflistet. Und Phöbe hätte stolz einwerfen können: „Liebe Kolleginnen, wusstet ihr eigentlich, dass ich vom Autor dieses Leitbildes schon einmal einen ganzen Brief ausgeliefert habe?" Danach hätten sie sich vielleicht die erforderlichen Qualifikationen noch einmal vor Augen geführt und diskutiert: Ehrbarkeit, Verzicht auf üble Nachrede und Intrigen, Nüchternheit, Vertrauenswürdigkeit in jeder Hinsicht. Phöbe hätte sich bei all dem vergewissert: Nein, ich bin als Diakonin kein exotisches Einzelexemplar und auch keine Notlösung der Gemeinde in Kenchreä. Vielmehr gibt es anderswo Frauen wie mich, die einen ebensolchen Dienst tun.

An dieser Stelle sind Sie wieder eingeladen, selbst mit dem biblischen Text zu experimentieren. Sie können so entdecken, welche Schwierigkeiten der Originaltext hat und welche Möglichkeiten es gibt, ihn aufzufassen. Wenn Sie das Experiment überspringen und lieber gleich zu den Ergebnissen kommen wollen, dann lesen Sie bitte auf Seite 34 (Stichwort „Hintergrund") weiter.

Es wird gleich ein Text angeboten, der so angeordnet ist, wie es den frühen griechischen Handschriften entspricht: Absätze wurden nicht gesetzt, sodass Sie die Struktur des Textes selbst erkennen müssen.

Versuchen Sie also, eine Gliederung herauszufinden. Wo gibt es sinngemäße Abschnitte? Wo beginnt ein neuer Gedanke? Hilfreich für die Sinnabschnitte ist folgende Frage: Gibt es wiederkehrende Ausdrücke, die eine Gliederung anzeigen können? Gibt es wiederkehrende Satz-Anfänge? Auch sie könnten Hinweis für die vom Autor beabsichtigte Gliederung sein.

Sie können die Sinnabschnitte durch senkrechte Striche in den Text eintragen oder – wenn Sie sich besondere Mühe machen wollen – den Text noch einmal in Absätze gegliedert abschreiben.

> *Der Aufseher nun muss untadelig sein, Mann einer Frau, nüchtern, besonnen, sittsam, gastfrei, lehrfähig, kein Trinker, kein Schläger, sondern gütig, nicht streitsüchtig, nicht geldliebend, der dem eigenen Haus gut vorsteht und die Kinder mit aller Ehrbarkeit in Unterordnung hält – wenn aber jemand dem eigenen Haus nicht vorzustehen weiß, wie wird er für die Gemeinde Gottes sorgen? –, nicht ein Neubekehrter, damit er nicht, aufgebläht, dem Gericht des Teufels verfalle. Er muss aber auch ein gutes Zeugnis haben von denen, die draußen sind, damit er nicht in übles Gerede und in den Fallstrick des Teufels gerät. Ebenso die Diener: ehrbar, nicht doppelzüngig, nicht vielem Wein ergeben, nicht schändlichem Gewinn nachgehend, die das Geheimnis des Glaubens in reinem Gewissen bewahren. Lass sie aber auch zuerst erprobt werden, dann lass sie dienen, wenn sie*

untadelig sind. Die Frauen ebenso ehrbar, nicht verleumderisch, nüchtern, treu in allem. Die Diener seien Mann einer Frau und sollen den Kindern und den eigenen Häusern gut vorstehen; denn die, welche gut gedient haben, erwerben sich eine schöne Stufe und viel Freimütigkeit im Glauben, der in Christus Jesus ist.

(Der Text ist weitgehend nach der Revidierten Elberfelder Übersetzung wiedergegeben.)

Mit dem von Ihnen gegliederten Text können Sie nun versuchen, diese Fragen zu beantworten:

Welche Personengruppen bekommen hier Verhaltensanweisungen? Wie viele verschiedene Gruppen sind es?

Hintergrund:

Der erste Timotheusbrief ist von Paulus nach Ephesus geschickt worden, damit Timotheus dort gemeindliche Angelegenheiten regeln sollte. In diesem Brief findet sich ein Abschnitt mit Anweisungen für Aufseher bzw. „Bischöfe" (das waren damals örtliche Gemeindeleiter) und Diakone (oder „Diener") (1Tim 3,1-13). Beide Anweisungen sind inhaltlich einigermaßen vergleichbar. Im Diakonen-Abschnitt nun findet sich aber eingeschaltet eine Anweisung für Frauen (1Tim 3,11). Die Lutherübersetzung fügt noch in der 1984er-Ausgabe das Beiwort „ihre" ein und betrachtet die Frauen also als Ehefrauen der Diakone.[12] Eben das aber steht nicht im Text! Vielmehr wird die Angabe über „die Frauen" mit dem Verbindungswort „ebenso" an die vorausgehende Diakonenanweisung angeknüpft, wie diese Diakonenanweisung wiederum mit dem Verbindungswort „ebenso" an die zuvor stehende Anweisung für Bischöfe angefügt wurde. Die Notizen über Bischöfe, Diakone und „die Frauen" sind inhaltlich und auch formal parallel gebaut, sodass die größte Wahrscheinlichkeit dafür spricht: Es handelt sich um drei Personengruppen. Erst mit 1Tim 3,12 kehrt Paulus wieder zur mittleren Gruppe der männlichen Diakone zurück.

Es wäre übrigens auch inhaltlich unverständlich, warum von „Bischöfen" nur Qualifikationen ihrer eigenen Person verlangt werden, von den Diakonen plötzlich aber auch Qualifikationen ihrer Ehefrauen.

Für Textinteressierte (die Tabelle ist spaltenweise von oben nach unten zu lesen):

1Tim 3,2ff.:	**3,8ff.:**	**3,11:**
Dienstbezeichnung	Dienstbezeichnung	Dienstbezeichnung
	Verbindungswort „ebenso“	Verbindungswort „ebenso“
Qualifikationen in Infinitiven und Adjektiven	Qualifikationen in Adjektiven	Qualifikationen in Adjektiven

Das Ganze nun aufgefüllt mit den Inhalten der biblischen Anweisungen – die Übersicht zeigt, wie ähnlich die Anweisungen für die drei Gruppen sind:

Der *Aufseher*	**Ebenso** die *Diener*	Die *Frauen* **ebenso**
muss untadelig sein, Mann einer Frau,	ehrbar,	ehrbar,
	nicht doppelzüngig,	nicht verleumderisch,
nüchtern,	nicht vielem Wein ergeben,	nüchtern,
besonnen, sittsam, gastfrei, lehrfähig,	nicht schändlichem Gewinn nachgehend,	treu in allem.
kein Trinker,		
kein Schläger, sondern gütig, nicht streitsüchtig,	die das Geheimnis des Glaubens in reinem Gewissen bewahren. Lass sie aber auch zuerst erprobt werden, dann lass sie dienen, wenn sie untadelig sind.	
nicht geldliebend,		

Der *Aufseher*	Ebenso die *Diener*	Die *Frauen* ebenso
[Mann einer Frau,]	Die Diener seien Mann einer Frau	
der dem eigenen Haus gut vorsteht und die Kinder mit aller Ehrbarkeit in Unterordnung hält – wenn aber jemand dem eigenen Haus nicht vorzustehen weiß, wie wird er für die Gemeinde Gottes sorgen? –, nicht ein Neubekehrter, damit er nicht, aufgebläht, dem Gericht des Teufels verfalle. Er muss aber auch ein gutes Zeugnis haben von denen, die draußen sind, damit er nicht in übles Gerede und in den Fallstrick des Teufels gerät.	und sollen den Kindern und den eigenen Häusern gut vorstehen; [Lass sie aber auch zuerst erprobt werden, dann lass sie dienen, wenn sie untadelig sind.]	

Wie ging es weiter mit Phöbe, und wie mit ihren Kolleginnen? Über die verbleibenden Jahre bis zu ihrem Lebensende können wir nichts sagen. Danach aber wendete sich ihr Schicksal drastisch. Sie alle wurden in andere Lebensbereiche versetzt. Ihre Biografien wurden verfremdet, ihre Identität so gravierend verändert, dass ihr Dienst von der später gängigen kirchlichen Praxis fast spurlos aufgesaugt wurde und letztlich im schwarzen Loch der ungeschriebenen

Geschichte verschwand. Die Diakoninnen von Ephesus wurden von den Historikern nachträglich verheiratet; sie galten nicht mehr als Diakoninnen, sondern als Ehefrauen von Diakonen. Ihr einstmals eigenständiger Dienst wurde zum Anhängsel im Kielwasser ihrer Männer. Und Phöbe? Bekam von den Historikern quasi das Häubchen aufgesetzt – sie wurde zur ersten Diakonisse. Der wirtschaftliche oder politische oder juristische Einfluss, von dem Paulus damals profitierte, wurde heruntertransformiert zum bloßen „Beistand" – fast sieht man Phöbe, wie sie am Krankenlager dem fiebernden Apostel den Puls misst.

Und dieser nachträglichen biografischen Verfremdung waren sie schutzlos preisgegeben? Nur eines fällt zugunsten ihres tatsächlichen Dienstes in die Waagschale: Der exakte Wortlaut der Bibeltexte, der sich bei genauem Hinschauen dagegen sperrt, von der späteren kirchlichen Entwicklung vereinnahmt zu werden. Der möglichst unvoreingenommene Blick auf die Texte ist das Werkzeug, das es „Textarchäologen" ermöglicht, ursprüngliche Bedeutungen aus den übereinander abgelagerten Schichten der Vergangenheit auszugraben. Und wie so oft hat die Geschichte auch hier ihre Ironie: Der weithin als frauenfeindlich geltende Paulus – er war es, der die Angaben über den Dienst von Phöbe und ihrer Kolleginnen formuliert und niedergeschrieben hat; diejenigen Angaben also, aus denen heraus die biografischen Splitter rekonstruiert werden können.

Kapitel 4

Auflehnung und Einverständnis

Maria und Marta – zwei ungleiche Schwestern

Bei echten Menschen versagen die Schablonen. Literarische Figuren, erfundene Personen – sie sind Typen und haben typische Eigenschaften. Wären die beiden Schwestern Maria und Marta literarische Figuren, dann würde Maria wohl als Muster-Glaubende gelten, immer an Jesu Nähe interessiert, während Marta ihre eigenen Pläne und Vorstellungen vom Leben zwischen sich und Jesus schiebt. Doch so einfach liegen die Dinge nicht. Maria und Marta waren reale Menschen mit einer jeweils eigenen Geschichte, und es ist faszinierend zu sehen, wie die Schablonen zerbrechen.

Gemeinsam war ihnen, zusammen mit ihrem Bruder Lazarus, eine bemerkenswerte enge Freundschaft mit Jesus. Zwar gehörten sie nicht zum engeren Kreis der zwölf Männer und weiterer Frauen, die Jesus täglich um sich hatte, doch seine Zuneigung zu ihnen muss ähnlich groß gewesen sein. Oft wenn er durch ihr Heimatdorf Bethanien kam, besuchte er sie. Dabei wissen wir nicht genau, ob alle drei Geschwister unter einem Dach wohnten oder ob sie sich anlässlich der Besuche Jesu im Haus von Lazarus bzw. von Marta trafen. Weit war der Weg zueinander dann nicht, denn Bethanien (drei Kilometer von Jerusalem entfernt) war ein Dorf.

Während ihr Bruder Lazarus als Person kaum zu charakterisieren ist – es fehlen einfach alle Einzelheiten in der Bibel –, springt einem die Unterschiedlichkeit der Schwestern sofort ins Auge. Bekannt ist die Szene, in der Marta arbeitet und Maria auf Jesus hört, und dieser Bericht ist es, aus dem die Schablonen geschnitzt wurden. Jesus und seine Begleiterinnen und Begleiter machten in Bethanien Station auf ihrer Wanderung und kehrten bei Marta ein: eine mittlere Invasion von vielleicht zwanzig Leuten! Wir sehen Marta stehenden Fußes in der Küche verschwinden. Maria dagegen – sei es, dass sie dort wohnte oder zufällig da war oder sogleich herbeigekommen war, als sie vom Besuch Jesu hörte – gesellt sich zu der Gruppe um Jesus und hört zu, was der Meister, offenbar noch vor dem Essen, zu erzählen und zu lehren hat. Marta vermisst ihre Hilfe bei der Arbeit und beschwert sich bei Jesus, doch der gibt Maria Recht: Auf ihn hören ist jetzt wichtiger als den Haushalt auf Touren bringen.

Maria: Hier ist sie an Jesu Nähe interessiert. Sie hat die Bedeutung seiner Worte erkannt. Sie nahm sogar in Kauf, den guten Ton zu missachten und sich stundenweise als Schülerin an einen Rabbiner zu hängen. Auflehnung gegen die Konventionen müsste man ihr bescheinigen. Zwar war sie sehr wahrscheinlich nicht die Einzige, die solche Auflehnung praktizierte. Ohnehin gehörten ja auch Frauen zu der umherziehenden Wandergesellschaft von Jesus. Doch Maria wagte diese Auflehnung auch angesichts ihrer arbeitenden Schwester und auf deren Kosten.

Und Marta – sie wäre die Beflissene, die eifrig ihre hergebrachte Rolle im Haus ausfüllt. Einverständnis mit der Konvention scheint ihr Ding zu sein – auch wenn das aus Jesu Sicht jetzt gar nicht angebracht ist. Schon hier aber, innerhalb dieses einen Berichts, zerbrechen bei näherem Hinsehen die Klischees. Einverständnis – zunächst durchaus Martas Sache. Doch was ist es anderes als Auflehnung gegen die Konvention, wenn sie plötzlich, mit tropfnassen Spülhänden vielleicht oder einer Küchenschürze voller Avocado-Flecken, in die Lehrstunde des Rabbinen Jesus hineinplatzt und ihn – den Meister! nicht ihre Schwester! – zur Rede stellt? Bei aller Freundschaft – ein starkes Stück! Eine taffe Frau! Es ist hier nicht das Gespür für Gottes heilsame Herrschaft, das sie bewegt (so sehr diese Herrschaft allerdings in Gerechtigkeit besteht!). Glauben erkennen wir eher in Maria als bei Marta. Aber die unterschiedlichen Schwestern sind sich doch vielleicht gar nicht so unähnlich.

Hintergrund:
Der erste Bericht über die beiden Schwestern steht in Lukas 10,38-42. Den Hinweis, dass die wandernde Jesusgruppe nicht bloß aus Jesus und den zwölf Jüngern bestand, sondern darüber hinaus aus weiteren Frauen, finden wir in Lukas 8,1-3. Eine

dieser Frauen wird in Kapitel 6 noch ausführlicher vorgestellt werden.

Ob der Ausspruch eines Rabbinen „Eher sollen die Worte der Tora verbrannt werden, als dass man sie einer Frau anvertraut“[13] die tatsächlichen Möglichkeiten jüdischer Frauen beschrieben oder ob sie eher ein Schlagwort waren, um der Praxis zu wehren, dass Jüdinnen sich durchaus für religiöse Lehre interessierten, muss offen bleiben. Immerhin hatte ein – einzelner – anderer Rabbiner nicht bloß zugelassen, sondern gefordert, man solle auch die Tochter die Tora lehren.[14] Manches deutet darauf hin, dass vereinzelt auch Frauen Synagogenvorsteherinnen sein konnten.[15] Jesus war vielleicht nicht das einzige Licht auf dem dunklen Hintergrund der religiösen Benachteiligung von Frauen. Entschlossen und sehr konsequent hat er jedoch Frauen in seine Nachfolge einbezogen.

Das enge, freundschaftliche Verhältnis zwischen Jesus, Maria, Marta und Lazarus beschreibt knapp Joh 11,5: „Jesus liebte Marta, ihre Schwester und Lazarus.“

Wie konnte übrigens Maria auf die Idee kommen, sie würde etwas verstehen von der Lehre Jesu? Woher die Erwartung, auch für ihr geistliches Leben und für ihren Alltag sei etwas dabei? Als Freundin und Vertraute Jesu wird sie vieles von seiner Lehre gekannt haben. Sie wusste also, dass Jesus seine Illustrationen oft aus dem staubigen Alltag holte, und wusste auch, in welchen Alltagen Jesus sich auskannte: nicht nur in dem seiner Geschlechtsgenossen nämlich, sondern auch in dem von Frauen. Maria konnte mit guten Grund erwarten, dass sie sich wiederfinden würde in seiner Lehre.

Ein Schaf war ihr noch nie entlaufen (vielleicht ihrem Bruder, aber nicht ihr), doch im Haushalt verzweifelt gesucht hatte sie sicherlich schon einmal: wie die Frau ihre zehnte Silbermünze. Mut zum kühnen Beten hätte sie wohl auch vom Hausherrn lernen können, der dem nächtlich klopfenden Freund drei Brote leihen soll, aber eher hat sie sich vielleicht in die recht- und wehrlose Witwe hineinversetzen können, die den Richter bestürmt. (Hat Maria etwa hier ein Beispiel für ihre Auflehnung gefunden?) Zum Bruch mit alten Formen hat Jesus einmal aufgerufen, und Maria hat das begreifen können im Bild der Näherin, die alte Kleidung mit neuem Stoff flickt – eher als am Beispiel des Haussklaven, der frisch gärenden Wein in abgenutzte, spröde Schläuche füllt. Maria hätte oder hat von der Frau hören können, die Sauerteigbrot buk, und von ihr war die Zuversicht zu lernen, dass Gottes heilsame Herrschaft sich unaufhaltsam ausbreitet. In den Ackerbauern, der seine winzigen Senfkörner sät, in Erwartung großer Bäume, hätte sie sich erst hineindenken müssen. Wie plötzlich der so genannte Menschensohn kommen wird, wird ihr wieder eingefallen sein, wenn sie selbst mit einer anderen Frau am Mühlstein saß, um Mehl zu mahlen. Sie konnte sich dann vorstellen, wie es ist, wenn eine plötzlich verschwindet und die andere dableibt. Hätte Jesus nur von den beiden säenden Feldarbeitern erzählt, wäre sie nicht so persönlich daran erinnert worden. Und wenn Maria schließlich Jesu provozierend-skandalöse Predigt in der Synagoge von Kafarnaum hätte hören können, dann wäre ihr vielleicht aufgefallen, dass Jesus nicht bloß von dem Syrer Naaman, sondern auch von der Witwe zu Sarepta als warnendem Beispiel erzählt hätte.

Was auch immer sie bereits von diesen Gleichnissen kannte, bevor sie sich im Haus ihrer Schwester vor die Füße Jesu setzte: Sie hatte allen Anlass zu erwarten, dass Jesus die Lehre von Gottes heilsamer Herrschaft mitten in ihr normales Frauenleben hinein erzählen würde.

Hintergrund:
Die angeführten Gleichnisse stehen in Lk 15,3-10; 11,5-10; 18,1-8; Mk 2,21-22; Mt 13,31-33; 24,40-42; Lk 4,25-27. Fast durchgehend sind es Doppelgleichnisse, die ganz symmetrisch aus der männlichen und weiblichen Lebenswelt schöpfen.

Einige Zeit später sind die Rollen vertauscht – zumindest teilweise. Zwar bleibt Maria die, die sich auflehnt, aber sie tut es nicht gegen die Konvention, sondern gegen Jesus. Marta übt Einverständnis, jetzt ebenfalls Jesus gegenüber, und so wird sie zur Glaubenden, während Maria diese Tiefe (noch) nicht erreicht. Was ist passiert?

Der geliebte Bruder Lazarus war nach einer Krankheit gestorben. Jesus wusste das. Die Schwestern hatten ihn im Vertrauen auf seine Heilungskraft holen lassen. Jesus aber schien zu trödeln; als er ankam, war Lazarus schon tot. Den Schwestern blieb nur noch, ihrem gemeinsamen Freund Jesus die Nachricht zu überbringen. Marta tat das: Sie ging Jesus entgegen und sagte: „Herr, wärst du hier gewesen, würde mein Bruder noch leben. Aber auch jetzt weiß ich, dass Gott dir alles geben wird, worum du ihn bittest." Sätze voller ungesagter Gedanken. Im ersten Satz steckt zweifellos neben der Trauer und dem Unverständnis auch ein gehöriger Vorwurf an Jesus. Martas zweiter Satz enthält einen plötzlich aufblitzenden, unerwartet großen Glauben. Sie traute Jesus zu, dass er das letzte Wort sprechen wird, dass der Tod Lazarus' noch nicht endgültig sein muss. Zugleich aber hat sie Jesus damit gesagt, was sie will. Sie forderte Jesus zum Eingreifen auf, wollte Einfluss auf sein Verhalten nehmen. Diesen drängenden Unterton überging Jesus zunächst und griff das Thema Glauben auf. Den Glauben an die Totenauferstehung verknüpfte er mit dem Glauben an ihn, Jesus, selbst und fragte Marta unverblümt, ob sie das glaube. Marta, ebenso geradeheraus: Ja!

Und dann geschieht etwas bisher kaum Dagewesenes: Marta bekennt Jesus als den Sohn Gottes. Die tiefste Tiefe biblischen Christusglaubens hat sie erreicht, so wie vor ihr bisher nur einer: der Jünger Petrus. Dessen Bekenntnis haben die Evangelienschreiber später sehr bewusst in die theologische Mitte ihrer Jesus-Bücher gerückt, und eine ganze Kirche gründet sich auf diesen Mann. Doch wer redet neben dem Bekenntnis des Petrus vom Bekenntnis der Marta? Marta zeigt,

> *dass sie sehr wohl verstanden hat, wer Jesus wirklich ist. Ihre Aussage entspricht fast wörtlich der Aussage des Petrus. Die meisten von uns wissen, dass Petrus sagte: »Du bist der Christus, der Sohn des lebendigen Gottes« (Matth. 16,16), aber nur wenige wissen, dass Marta einmal genau die gleiche Glaubensaussage gemacht hat. (Marilyn B. Smith)*[16]

Maria kommt wenig später ins Spiel. Sie sagt wenig, und das, was sie nicht sagt, spricht lauter als das, was sie sagt. Auch sie geht, wie zuvor Marta, Jesus entgegen. Auch sie drückt Jesus ihr Unverständnis und ihren Vorwurf aus, und zwar – Ähnlichkeit der Schwestern bei allen Unterschieden! – mit demselben Satz wie Marta: „Herr, wärst du hier gewesen, dann wäre mein Bruder nicht gestorben." Doch dann – schweigt sie. Wo bei Marta der Glaube zur Sprache kam, bleibt bei Maria der Vorwurf hart zwischen ihr und Jesus stehen. Sie kann dann nur noch weinen. Maria lehnt sich auf gegen das, was Jesus zugelassen hat, aber ohne jeden Anflug von Glauben. Würde man diese Szene in Martas Haus zurückversetzen, dann stünde Maria sinngemäß in der Küche und Marta säße glaubend zu Jesu Füßen.

Hintergrund:

Der angeführte Bericht steht in Johannes 11,1-44. Rudolf Schnackenburg schreibt in seinem bewegenden Büchlein „Freundschaft mit Jesus":

> *Martha ist die Glaubende, die Jesu Worte voll und ganz bejaht, Maria die Liebende, die, bis ins Tiefste erschüttert, den Tod ihres Bruders beklagt (11,33), Lazarus derjenige, an dem das Wunder der Totenerweckung geschieht, das zum Symbol der Lebensspendung wird. Das Wunder ist aber auch ein Zeichen für die den Geschwistern geschenkte Liebe Jesu.*[17]

Die so genannte „Cäsarea-Philippi-Perikope", die das Petrusbekenntnis enthält, gilt als theologische und auch formale Mitte des Markusevangeliums. (Siehe Mk 8,27-38. „Perikope" ist das Theologen-Fremdwort für „Bibelabschnitt", und „Cäsarea-Philippi-Perikope" heißt sie, weil das geschilderte Geschehen in einem Ort dieses Namens stattfindet. Cäsarea Philippi liegt übrigens noch nördlich von Galiläa, Jesu eigentlichem Wirkungsraum. Auch geographisch bildet dieser Bibelabschnitt also einen Scheitelpunkt.) Die Parallele bei Matthäus (16,13-28) enthält

Jesu Wort, dass er auf den Felsen Petrus seine Gemeinde gründen werde – ein Text, der für das Selbstverständnis der Römisch-Katholischen Kirche wichtig ist.

Noch ein drittes Mal war Maria für Überraschungen gut. Wieder passierte es in einem Haus ihres Heimatdorfes Bethanien. Das Geschwistertrio gibt ein Mahl für Jesus, vermutlich, um ihn zu ehren oder ihm einfach Gutes zu tun. Maria fand jedoch ihre ganz eigene Weise, Jesus zu ehren. Mit einem Kosmetikprodukt der Luxusklasse, Baldrianöl im Werte eines knappen Jahresverdienstes (so teuer, weil Import aus Fernost), cremt sie Jesus die Füße, die sie dann mit ihrem eigenen Haar trocknet. Das finanzielle Opfer dient ihr also nicht dazu, sich selbst unbeteiligt zu lassen nach der Melodie: Wer üppig Geld spendet, muss sein Herz nicht investieren. Nicht mit Haut, wohl aber mit Haaren bringt sie ihm ihre Liebe entgegen. Dass sie sich dabei wiederum gegen irgendwelche Konventionen auflehnt, wird man so nicht sagen können. Zu ungewöhnlich ist, was sie tut, und welche Vorschrift würde schon die Anwendung zu teurer Creme nebst Trocknung mit Eigenhaar verbieten? Anstoß nehmen freilich die übrigen Gäste; auf ihrer Seite findet die Auflehnung statt. Doch Jesus zeigt, dass er Marias Tat zu verstehen und zu schätzen weiß. Indem er sie als prophetische Handlung deutet, lenkt er den Blick auf eine verborgene Schicht, die selbst Maria zuvor nicht gekannt haben mag.

Hintergrund:
Der hier angeführte Bericht steht in Johannes 12,1-8. Die Berichte über die Salbung(en) Jesu sind etwas unübersichtlich. In Lukas 7 ist es eine „Sünderin", die Jesus salbt; in den Berichten von Matthäus, Markus und Johannes ist es deutlich eine andere Szene: anders als bei Lukas kurz vor Jesu Tod. Nur Johannes nennt den Namen Marias. Matthäus und Markus bestätigen dies aber indirekt, indem sie vom Ort des Geschehens wissen: Bethanien, dem Heimatdorf der Geschwister. Handelt es sich um zwei verschiedene Begebenheiten? Auch, wenn Jesus betont, dass die

Salbung in Bethanien kurz vor seinem Tod etwas ganz Besonderes, fast Einzigartiges ist (Mk 14,9)? Bei allen offenen Fragen – *eine* Frau hat mit den beiden Schwestern und ihrer Geschichte nichts zu tun: Maria Magdalena. Entgegen vielerlei später entstandenen und kaum auszurottenden Legenden wird sie nirgendwo in der Bibel „große Sünderin" genannt, und ihr wird auch nirgends die Salbung Jesu zugeschrieben. Es handelt sich schlicht um zwei verschiedene Marias.

Maria hat ihren Weg gewählt, Liebe zu zeigen, und war auf diese Weise authentisch. Beiläufig erfahren wir das Gleiche von ihrer Schwester: „und Marta bediente". Tat also nichts anderes als damals, während Maria sich unterweisen ließ. Nun aber herrscht keine Spannung mehr zwischen ihnen. Jede der Frauen hat ihre Sprache der Liebe gefunden, die eine unspektakulär, die andere ungewöhnlich, und beide Sprachen erreichen den, den sie anreden und beschenken wollten: Jesus.

Maria und Marta, sehr unterschiedlich und doch einander wieder gleich. Mal war die eine, mal die andere näher bei Jesus; mal standen sie gegeneinander, mal waren sie von der gleichen Motivation bewegt. Beides waren Freundinnen Jesu. Er vermochte auf sie einzugehen. Schematische Typen waren sie beide nicht. Als Charaktere sind sie faszinierend, gerade auch in ihren Ungereimtheiten. Auflehnung wie Einverständnis sind nicht einfach bestaunens- oder nachahmenswerte Eigenschaften, sondern Kapitel ihrer Freundschaftsgeschichte mit Jesus.

Kapitel 5

Folgsam und selbstbewusst

Als Christin mit einem Heiden verheiratet

Irgendwann war sie Christin geworden. „Sie" – anders als die bisherigen und die folgenden Porträts dieses Buches – ist „sie" keine echte, geschichtliche Person. „Sie" steht stellvertretend für zahllose anonyme Christinnen, die in einer Ehe mit einem Heiden lebten. Ihr Verhalten jedoch ist nicht erfunden. Die Art, wie „sie" lebt und entscheidet, wurde in einem Brief des Neuen Testaments entworfen. Nehmen wir ernst, was hier empfohlen wird, dann dürfte ungefähr folgendes Porträt entstehen:

Sie war also irgendwann Christin geworden. Sie lebte an der Küste des Schwarzen Meers, in der Hafenstadt Sinope in der Provinz Pontus. Über Jesus hatte sie zuerst von ihren Nachbarinnen gehört. Erst später entdeckte sie, dass es auch männliche Christen gab. In der Gemeinde, in die sie ab und zu heimlich schlich, waren deutlich mehr Frauen als Männer.

Es war durchaus ein Wagnis, Christin zu werden. Selbst wenn niemand sonst es mitbekam – ihr Mann musste es doch irgendwann merken. Schließlich wollte sie ja jeden Tag beten und auch Gottesdienste besuchen. Sie hatte nicht so viel Glück wie einige andere Frauen aus der Stadt, die sie flüchtig kannte. Diese Frauen hatten Männer, die religiös ziemlich uninteressiert waren. So bereitete es jenen Frauen keine Probleme, sich dem weit verbreiteten Isis-Kult anzuschließen. Isis-gläubig zu sein war gerade unter Frauen schick – zumal sie dort auch leitende Aufgaben übernehmen konnten.

„Ihr" Mann dagegen war ziemlich konservativ. Er hielt es mit dem Slogan, den er irgendwo aufgeschnappt hatte und der seinem Verständnis von Ehe entgegenkam: „Eine Frau darf nur mit ihrem Mann gemeinsame Freunde haben, aber keine eigenen für sich. Die vornehmsten unter den Freunden aber sind die Götter. Sie darf keine anderen Götter verehren und anerkennen, als an die ihr Mann glaubt, das ist ihre Pflicht; überflüssigem Gottesdienst und fremdem Aberglauben muss sie die Tür verschließen.“ Sie musste ihr Christsein also vorsichtig und angepasst praktizieren. Was sie sich aber nicht nehmen ließ: immer wieder Bemerkungen fallen zu lassen über die vielerlei römischen Götter ihres Mannes, und wie gut es die Frauen hatten, die am Isis-Kult teilnehmen durften, und wie unlogisch die Vielzahl der Götter sei, wie logisch dagegen der Gedanke eines einzigen Gottes. Es dauerte nicht lange, bis ihr Mann merkte, worauf sie hinauswollte. Halbherzig drückte er ein Auge zu, wenn sie sich abends mit den Christen traf. Wenn es aber Streit gab oder er eine Strafe verhängen wollte, hatte er ein bequemes Mittel, um sie unter Druck zu setzen: Er verbot dann einfach den Gottesdienstbesuch und schimpfte laut, wenn er sie beim Beten erwischte.

Hintergrund:
Die Mehrzahl der Bekehrungen zum Christentum geschah in der Anfangszeit unter Frauen. (Auch das Judentum war für Frauen recht anziehend – davon „profitierte“ dann der Glaube an Jesus.)[18] Der Frauenanteil war auch für Außenstehende so erkennbar hoch, dass Gegner des Christentums daraus Stoff für ihre Polemik bezogen: Christen seien „Leute, welche aus der untersten Hefe des Volkes unwissende und leichtgläubige Weiber, die ja schon wegen der Schwäche ihres Geschlechtes leicht zu gewinnen sind, sammeln und eine ruchlose Verschwörerbande bilden.“ (Minucius Felix, geschrieben Anfang des 3. Jahrhunderts)[19]

Generell waren Frauen im römischen Reich abhängig von ihren Männern, auch im Blick auf die Religionswahl. Diese generelle Haltung drückt sich z. B. aus in dem angeführten Zitat des Philosophen Plutarch, der zu der Zeit lebte, als die späten Briefe des Neuen Testaments geschrieben wurden. Außer dem Slogan von den Göttern als gemeinsamen Freunden[20] vertrat er z.B. diese Meinung:

Schmuck von Gold und Edelsteinen am Spiegel sind zu nichts nutze, wenn das Bild im Spiegel nicht ähnlich ist; so ist eine reiche Frau, die sich nicht in Charakter und Lebensart ihres Mannes schickt, gar nichts nütze. Ein Spiegel, der ein fröhliches Gesicht als verdrießlich und ein traurig niedergeschlagenes als fröhlich und lachend vorstellt, ist falsch und unbrauchbar. So ist die Frau unnütz und verkehrt, die eine finstere Miene aufsetzt, wenn der Mann Lust zu Scherz und Vergnügen hat, die aber scherzt und lacht, wenn er Geschäfte hat. Jenes ist Unhöflichkeit, dies Geringschätzung. Eine Frau hat keine eigene Gefühlswelt zu haben; sie muss in Ernst und Scherz, in Tiefsinn und Lachen mit ihrem Mann gehen, so wie nach den Lehren der Mathematiker Linien und Flächen sich nur mit den Körpern, nicht für sich allein bewegen. (Aus der Schrift „Von der Ruhe des Gemüts" [!])[21]

Solch eine Philosophenmeinung muss aber keineswegs eins zu eins Abbild der Wirklichkeit sein. Im Blick auf die Religion sind der Isis-Kult und andere Mysterienreligionen (Geheimkulte, in die man eingeweiht werden musste) Belege dafür, wie relativ selbstständig eine Frau im römischen Reich ihre Religion gestalten konnte.

Eines Abends war sie etwas länger weggeblieben. Ihr Mann hatte sich schon ungefähr an die Dauer der christlichen Versammlungen gewöhnt – für den Fall, dass er sie gehen ließ. Nun aber hatte es offenbar länger gedauert. Sie murmelte etwas davon, es sei ein Brief gekommen, und sie hätte sich mit einigen anderen nachher noch mal extra was daraus vorlesen lassen. Seitdem wurde sie zu Hause anders. Ihr Mann bemerkte es zunächst nicht. Irgendwann aber genoss er erleichtert das Gefühl, dass weniger genörgelt wurde. Von den beneidenswerten Isis-Frauen und überhaupt von jedem religiösen Thema war keine Rede mehr. Seit ihr Mann keine Unzufriedenheit mehr mit den römischen Göttern spürte, nahm er es sogar etwas laxer mit der Götterverehrung. Schließlich musste er kein Prinzip mehr demonstrieren. Seine Frau hingegen ging noch konsequenter zu den christlichen Abendversammlungen. Meist fragte sie gar nicht mehr, sondern setzte sein Einverständnis voraus. Dennoch verbot er es ab und zu, um diese Möglichkeit, seine Frau zu disziplinieren, nicht zu verlieren.

Die Anlässe zum Streit freilich hatten abgenommen. Aufs Ganze gesehen schien ihm seine Frau verträglicher geworden zu sein. Auffällig war auch, dass das Haushaltsgeld länger zu reichen schien. Früher war er den Gedanken nicht losgeworden, es kämen gewisse Unregelmäßigkeiten vor und die Ware, die sie vom Markt brachte, sei so vorzüglich gar nicht, dass der Preis, den sie dafür angab, gerechtfertigt wäre. Ob sie da etwas für sich abzweigte und nebenher kaufte, konnte er nicht nachweisen. Aber an weinseligen Abenden, wenn er von Mittrinkern herausbekam, was die denn so ihrer Frau an Haushaltsgeld gaben, waren ihm seine Kosten doch recht hoch vorgekommen. Das hörte jetzt auf. Fast ging ihm der Gesprächsstoff bei den Gelagen aus, wenn die anderen über ihre Frauen herzogen und er kaum einen Grund mehr fand einzustimmen. Schon begann er über den bessernden Einfluss des christlichen Glaubens nachzudenken – und welche Auswirkungen dieser Einfluss auf ihn selbst haben könnte, wenn er sich dafür öffnen würde.

Hintergrund:

Die Briefe des Neuen Testaments wurden in den urchristlichen Gottesdiensten quasi als Predigt vorgelesen (vgl. z. B. Kol 4,16). In Sinope in der Provinz Pontus muss es der Erste Petrusbrief gewesen sein, der – seinen Adressenangaben zufolge (1Petr 1,1) – als Rundschreiben u.a. auch dort vorgelesen wurde. Damit einzelne Abschnitte verstanden werden konnten und Wirkung entfalten konnten, mussten sie sicherlich noch einmal vertieft werden. Deshalb lässt der fiktive Bericht die Frau nach der Versammlung zurückbleiben, um sich zusammen mit anderen noch einmal etwas vorlesen zu lassen.

Der Abschnitt, der hier im Blick ist und das Verhalten der Frau geprägt hat, ist 1Petr 3,1-6:

So wie wir uns Christus unterordnen, so sollen sich auch die Frauen ihren Männern unterordnen. Auch ohne viele Worte sollt ihr Frauen allein durch euer Vorbild eure Männer für Christus gewinnen, die bisher nicht an sein Wort glaubten. Ein vorbildlicher Lebenswandel und die Achtung ihnen gegenüber wirken überzeugender als viele Worte. Nicht äußerliche Dinge – wie kunstvolle Frisuren, wertvoller Schmuck oder modische Kleidung – dürfen für euch Frauen wichtig sein. Nein, euch sollen vielmehr Eigenschaften von unvergänglichem Wert schmücken, wie Freundlichkeit und Güte; denn wahre Schönheit kommt von innen. Und diese Werte zählen vor Gott. So haben sich auch die frommen Frauen zur Zeit unserer Väter geschmückt: Sie setzten ihre ganze Hoffnung auf Gott und ordneten sich ihren Männern unter. Ich denke an Sara, die sich Abrahams Führung anvertraute und ihn ihren Herrn nannte. Ihr könnt euch als ihre Töchter betrachten, wenn ihr wie Sara das Gute tut und euch durch nichts davon abbringen lasst.

Hier ist präzise die bisher beschriebene Situation vorausgesetzt: Christliche Ehefrauen von heidnischen Männern sind angeredet.

Wichtig anzumerken: Die Passage erörtert also einen ethischen Spezialfall und enthält keine Angaben etwa über das Wesen der Frau im Allgemeinen. Nichts in diesem Text wird etwa von Gottes Schöpfungsabsicht her begründet. Wer biblische Weisung für das Verhältnis zwischen christlichen Ehepartnern im Allgemeinen sucht, wird Eph 5,21-33 aufschlagen.

Im Epheserbrief ist die normale Situation vorausgesetzt und kein Spezialfall wie in 1Petr 3. Und dort – in Eph 5 – ist das traditionelle Gefälle „der Mann bestimmt, die Frau ordnet sich unter“ unterlaufen. Das bestimmende Motto für beide Partner ist: „Ordnet euch einander unter; so ehrt ihr Christus.“ (5,21)

Mehr zu den biblischen Weisungen an Männer und Frauen findet sich im Anhang I. Doch zurück zum ethischen Spezialfall, zu 1Petr 3:

Die Grundforderung für diese Lebenssituation – Unterordnung, 1Petr 3,1 – hat die Frau im fiktiven Bericht umgesetzt, ebenso wie die „wort-lose“ Mission. Es ist beachtenswert, dass das Neue Testament nicht nur Mission durch Worte kennt, sondern eben auch diese verhaltensgeprägte Möglichkeit.

Als dieser Brief zum ersten Mal in der Versammlung verlesen wurde und nachdem sie sich die Passage zusammen mit anderen Frauen noch einmal hatte vorlesen lassen, war die Diskussion natürlich lebhaft. Die einen waren aufgebracht, dass der Apostel genauso zu schreiben schien wie die philosophischen Redensarten, die ihre Männer immer im Munde führten. Die anderen regten sich über die Schmuck-Vorschriften auf. „Den Männern würde der Apostel niemals so etwas schreiben, dabei sind das auch ganz schön eitle Gockel", sagte jemand. Großes Gekicher aber gab es, als sie diskutierten, wie Sara ihren Mann „Herr" nennen zu sollen. Eine Frau, die schon vor ihrem Christsein nach jüdischer Weise gelebt hatte, kannte den Bericht von Sara und Abraham aus der Bibel. „Das war ja ein großartiger alter Herr", meinte sie, „von dem Sara sagt, dass es bei ihm im Bett schon seit längerem vorbei ist." Und eine andere sagte lachend: „Wenn das so ist, dann muss ich meinen aber auch ‚Herr' nennen."

Hintergrund:
Die Frauen im fiktiven Bericht haben sich zu Recht über die einseitigen Schmuck-Vorschriften aufgeregt. Aber nur deswegen, weil sie an der Küste des Schwarzen Meeres lebten! Zu der hier ins Auge gefassten Zeit der Alten Kirche waren die Sammlungen der Bücher des Neuen Testaments noch nicht überall komplett. Christen in Pontus mussten also nicht unbedingt den Jakobusbrief kennen, der zwar – wie der Erste Petrusbrief – als Rundschreiben abgefasst war, aber nach Meinung einiger Forscher in Alexandria, also in Ägypten, entstanden ist. Im Jakobusbrief aber ist nun durchaus eine Schmuck-Vorschrift für Männer enthalten! Den Gemeinden wird vorgehalten, sie behandle reiche Männer „mit goldenen Ringen und prächtiger Kleidung" im Gottesdienst besser als Arme, denen Gott ausdrücklich Beachtung schenkt und verschaffen will (Jak 2,2-7).

Der Schmuck der Männer wird zwar nicht verboten, aber seine soziale Unverträglichkeit wird entlarvt. Wer das Thema „Kosmetik im Neuen Testament“ mit einem Augenzwinkern noch vervollständigen will, sei daran erinnert, dass Jesus für die Fastenden den Einsatz von Haarshampoo empfiehlt (Mt 6,17).

Die Episode, in der Sara ihren Mann „Herr“ nennt, steht in 1.Mo 18,9-15. Dem hochbetagten Ehepaar wird noch ein Sohn versprochen, was Sara zum Lachen findet: „In meinem Alter soll ich noch in Sachen Liebe aktiv werden? Und mein Herr ist auch alt!“ Eine gewitzte und bibelkundige Frau mag durchaus Ironie in der Weisung des 1. Petrusbriefs gehört haben. Beabsichtigt war solche Ironie freilich nicht, denn schon die rabbinische Auslegung verstand die Anrede „Herr“ in 1.Mo 18,12 als (ausschließlich) respektvoll.[22] Dasselbe wird der 1.Petrusbrief meinen.

Der neue Frieden in der Ehe – so empfand es der Mann – dauerte eine angenehme Zeit lang. Doch eines unglaublichen Tages im Sommer war es mit der Unterordnung vorbei. Der Mann wollte ein Grundstück mit großem Gartenhaus verkaufen. Der Garten war nicht besonders ertragreich, und das Haus war renovierungsbedürftig. Das Dach ließ Regen durch und das Haus war somit nur bei Trockenheit benutzbar. Als ein wohlhabender Kaufmann sich das Grundstück ansehen wollte, nahm der Mann seine Frau mit. Sie kannte sich besser im Garten aus. Wortreich pries er die Vorzüge an und sagte immer wieder: „Meine Frau hier wird bestätigen: ein ergiebiger Garten! Ein erfreuliches Haus!“ Sie jedoch suchte mit gesenktem Blick den Abstand zu den beiden Männern, was ihren Mann wütend machte. Als der Kaufmann das Gartenhaus besichtigte und meinte, wintertauglich sei es sicherlich nicht, da schilderte der Mann die kühlen, aber sehr gemütlichen Herbstabende, die sie schon zusammen dort verbracht hatten. Der Kaufmann sah sich zweifelnd um, der Mann zeigte auf seine Frau und sagte: „Sie wäre am liebsten jeden Abend hier, sie findet es schöner als zu Hause.“ Sie aber rannte schweigend hinaus.

Eine Stunde später, nachdem der Kaufmann ohne weiteres Interesse gegangen war, schrie der Mann sie zu Hause zusammen. Was sie sich denke, warum sie das Geschäft verderbe, warum sie nicht tue, was von ihr gefordert sei! Die Wut, in die sich ihr Mann gesteigert hatte, reichte schließlich, um ihr mit kräftigen Ohrfeigen den Mund blutig und einen Zahn auszuschlagen. Als er fertig war, hob sie den Blick, sah ihm in die Augen und sagte: „Es war nicht recht!"

Der darauf folgende Wutanfall war noch heftiger, beließ es aber bei Worten. Woher sie diese Aufsässigkeit habe, sie müsse ihm genauso gehorchen wie die Sklaven in seinem Haus, oder ob sie von den immer unwilligeren Sklaven gelernt habe, von denen man in letzter Zeit hörte und die, nebenbei gesagt oder auch nicht nur nebenbei, ebenfalls zu den Christen gingen, und vielleicht sei hier doch die Wurzel des Übels. Dann müsse er sie auch wie einen störrischen Sklaven bestrafen. Alles endete nicht nur mit dem erwartungsgemäßen Verbot, die Gottesdienste zu besuchen, sondern er untersagte ihr überhaupt das Beten zu dem Christengott.

Als er das aber aussprach, erhob sie wieder ihren Blick, sagte zwar nichts, blieb aber fest und dachte bei sich: Das wirst du mir niemals nehmen. Als er schließlich aus dem Zimmer ging, murmelte sie ihm mit geschwollenem Gesicht hinterher: „Jawohl. Ebenso wie die Sklaven."

Hintergrund:

Der hier entworfene Fall scheint zunächst vielleicht in krassem Widerspruch zum Gebot der Unterordnung zu stehen, wie es im ersten Petrusbrief genannt wird (wir erinnern uns: ein ethischer Spezialfall). Dennoch ist das Verhalten der Frau nicht nur von der Weisung dieses Briefs abgedeckt, sondern sie hätte sich – dem Wortlaut zufolge – gar nicht anders verhalten dürfen.

Die Weisung an die Frauen ist äußerlich einheitlich, in Wahrheit aber von einer großen inneren Spannung durchzogen. Der mit einem Heiden verheirateten Frau werden zwei Kriterien gegeben, um über ihr Verhalten zu entscheiden. Das eine ist, wie bereits gesehen, die Unterordnung. Hier bestimmt also der Mann, was konkret zu tun ist. Das andere Kriterium lautet: „Gutes tun" bzw.

„recht handeln“ (Vers 6). Hier ist die Christin selbst gefordert, zu ermessen, was gut und recht ist. Die Weisung geht nicht ausdrücklich darauf ein, was passieren soll, wenn zwischen Unterordnung und Gerechtigkeit ein Konflikt auftritt. Doch des drohenden Konflikts ist sich der Brief sehr wohl bewusst.

Entscheidend für das Verständnis der Passage ist das erste Wort: „ebenso“ (V. 1). Damit wird dieser Abschnitt an den vorhergehenden angebunden und beide werden als Parallelen betrachtet. Der vorhergehende Abschnitt aber richtet sich an die Sklaven. Ihnen wird „ebenso“ wie den Frauen einerseits Unterordnung aufgetragen, andererseits aber das Tun des Gerechten (1Petr 2, 18-20). Hier nun ist auch der Konflikt zwischen beiden Kriterien des Verhaltens im Blick. Weil ein christlicher Sklave in die Lage kommen kann, Gehorsam zu verweigern, um das Gerechte zu tun, deshalb kann er „geschlagen werden“, trotzdem „recht handeln“ und daher „Leiden erdulden“ (2,20). Wieder ist es – unvorstellbar in der damaligen Gesellschaft – der Sklave selbst, der die ethische Entscheidung zu treffen hat. Er richtet sich in seinem Gewissen nach Gott (2,19). Ein Ausleger (L. Goppelt) fasst zusammen:

> *Der christliche Sklave soll also seinem Herrn nicht entlaufen, er soll jedoch, wenn dieser Herr Unrechtes verlangt, seinem Gewissen folgen, den Gehorsam verweigern und die Reaktionen des Herrn leidend ertragen.*[23]

Hinter dieser Sklaven-Anweisung steht eine grundsätzliche Auffassung des Briefs:

> *„Rechtverhalten“ bedeutet für ihn nicht nur, sich in die vorgegebenen Institutionen hineinstellen, sondern zugleich sich verantwortlich und kritisch in ihnen verhalten.*
> *(L. Goppelt)*[24]

Mit dem Wort „ebenso“ in 3,1 wird diese grundsätzliche Auffassung auch auf die mit einem Heiden verheirateten Christinnen angewendet. Dementsprechend lautet auch die letzte Weisung an sie (3,6): Sie sollen sich „vor keiner Einschüchterung fürchten."

Wieder lohnt sich also ein zweiter, genauer Blick in den Bibeltext. Auf den ersten Blick wirkt es empörend, dass Ehefrauen unter den gleichen Maßstäben wie Sklaven abgehandelt werden: Die Frau als erweiterter Hausrat?! Bei näherem Hinsehen aber zeigt sich: Gerade diese parallele Behandlung von Sklaven und Frauen überträgt die fast revolutionäre ethische Selbstständigkeit der Sklaven (sie war damals nicht vorhanden, aber der erste Petrusbrief fordert sie von Christen!) auf die Frauen.

Eine ziemliche Zumutung ist es, was sie da im Gottesdienst aus dem Apostelbrief gehört hat. Bei oberflächlichem Hinhören wurde ihr abverlangt, sich einfach ihrem Mann unterzuordnen. Bei genauerer Betrachtung aber verschob sich die Zumutung: Druck ertragen und womöglich Prügel einstecken sollte sie, wenn's drauf ankam – aufgrund ihrer eigenen Gewissensentscheidung. Während die erste Zumutung aber wenig Raum für eine eigene Würde lässt, bewirkt die zweite Zumutung das Gegenteil: Sie, die namenlose Ehefrau eines Heiden im römischen Reich, wird einer eigenen ethischen Entscheidung gewürdigt.

Kapitel 6

Vom Herrscherhof in die Hauskirche

Wie Johanna von Jesus auf den Weg gebracht wird

Der Beruf ihres Mannes hatte ihr Leben lange Zeit geprägt. Johanna hat quasi eingeheiratet in ihr Schicksal. Lebensstil, Freunde und Wohnort ergaben sich automatisch. Und es war, trotz des großen Luxus, kein angenehmes Schicksal. Am Ende steht – zunächst – eine kranke Frau.

Galiläa, zur Zeit Jesu. Zuständiger Landesherr ist Herodes Antipas, ein gewiefter, anpassungsfähiger, aber auch brutaler Typ. Jesus hat ihn später einmal „Fuchs" genannt. Bezeichnend für ihn sind seine Ehen. Eigentlich verheiratet mit einer arabischen Königstochter, spannte er seinem Halbbruder dessen Frau aus. Ein jüdischer Prophet wagte, das öffentlich anzuprangern. Dieser Mut kostete ihn schließlich seinen Kopf, buchstäblich. Herodes setzte ihn gefangen, ließ ihm aber sein Leben. Für eine Hinrichtung hatte er zu viel Respekt, sie erschien ihm auch taktisch unklug, weil der Prophet zu viele Anhänger im Lande hatte. Doch Frau Herodias, die ja ebenfalls zur Zielscheibe der Kritik geworden war, nutzte eine günstige Gelegenheit und schwatze ihrem Mann die Hinrichtung ab. So fand der Prophet – es war übrigens Johannes der Täufer – seinen Tod.

Den Herrscherhof, an dem so etwas stattfand, hatte Herodes gut zehn Jahre zuvor erbaut, zusammen mit der ganzen Residenzstadt. Um sich die Gunst des römischen Kaisers zu sichern, der ihm bisher gewogen war, bekam die Stadt den kaiserlichen Namen: Tiberias. Die Stadt war glanzvoll angelegt, die Burg des Herodes hatte ein goldenes Dach, und aus den nahe gelegenen heißen Quellen wurden Badehäuser gespeist. Beim Bau der Stadt zeigte Herodes einmal mehr, wie rücksichtslos und zugleich taktisch entgegenkommend er sein konnte: Tiberias wurde bedenkenlos auf jüdischen Gräberfeldern errichtet – eine unerhörte und empfindliche Verletzung der jüdischen Lebensweise. Ernstmeinende Juden hätten die Stadt allein aus diesem Grund nicht betreten dürfen. Andererseits war es wahrscheinlich gerade Herodes, der seine Stadt mit einer prunkvollen Synagoge ausstattete. Eine so aus dem Boden gestampfte Stadt musste nun noch mit dankbaren Bürgern bevölkert werden. Das gängige Mittel der Wahl hieß damals Zwangsumsiedlung. Ein Großteil der Einwohner von Tiberias stammte ursprünglich also aus den umliegenden Städten.

Auch für einen der Finanzbeamten des Provinzherrschers Herodes dürfen wir also annehmen, dass er aus beruflichen Gründen in die Hauptstadt Galiläas zog. Dieser Mann hieß Chusa, zu Deutsch: Kännchen (im Deutschen kennt man immerhin „Krug“ als geläufigen Nachnamen). Er brachte seine Frau mit – und wir sind damit wieder bei Johanna. Wir können uns nun vorstellen, in welcher Umgebung sie lebte oder leben musste. Das Leben am Hof dürfte vergiftet gewesen sein von Intrigen, schmeichelnden Winkelzügen, Machtpoker, Mordplänen, Fremdgehen, Alkoholräuschen. Der einzige Trost – wenn es einer war – bestand im Luxus. Geld hatte Johanna mindestens durch den Job ihres Mannes. Vielleicht hatte sie auch schon eigenes Vermögen mit in die Ehe gebracht.

Wie lange sie dort lebte, wissen wir nicht. Auch ob ihre Krankheit die Folge einer krank machenden Umgebung war, muss Vermutung bleiben. Als sie aus diesem höfischen Leben ausstieg, tat sie das jedenfalls als kranke Frau, und sie tat es ohne ihren Mann. Wieder liegen die Hintergründe im Dunklen. Entweder er war gestorben oder sie hat ihn verlassen – zumindest zeitweise. Das Geld, das sie in ihrer Zeit am Hof genossen hatte, nahm sie mit.

Die Provinz, die von Tiberias aus regiert wurde, war Galiläa, die Heimat Jesu. Herodes war also der für Jesus zuständige „Ministerpräsident“, und am See Gennesaret, an dessen Ufer Tiberias lag, hat Jesus sich oft aufgehalten. Johanna suchte und fand eine neue, eine heilende Umgebung bei Jesus und seinen Nachfolgern. Nicht nur, dass Jesus sie von ihrer Krankheit gesund machte. Auch menschlich-schwesterliche Nähe fand sie in seinem Kreis, denn es hatten sich mehrere Frauen um Jesus gesammelt, denen es so ging wie Johanna: reich, krank, zum Teil sogar besessen, und nun ohne Mann unterwegs.

> ***Hintergrund:***
> Von Johanna, ihrem Mann, dessen Beruf und ihrer Krankheit erfahren wir aus Lk 8,1-3. Die Berufsangabe erlaubt Rückschlüsse auf ihren Lebensstil, bevor sie zu Jesus fand. Dass sie Vermögen hatte, wird eigens notiert. Der Bibeltext lässt offen, ob Johanna an einer gewöhnlichen Krankheit oder an dämonischer Besessenheit litt oder an beidem. Die Hintergründe der Hinrichtung von Johannes dem Täufer finden wir in Mk 6,14-29.
>
> Was Jesus von Herodes hielt, steht in Lk 13,32. Wie Herodes umgekehrt zu Jesus stand, notiert Lk 23,8-12. (Aus dieser Szene, in der Herodes sich ein Show-Wunder wünscht, entstand im Musical „Jesus Christ Superstar“ die freche Liedzeile aus dem Mund des Herodes: „Walk across my Swimmingpool!“)

Was machte Johanna, als sie mit Jesus und seiner Gruppe unterwegs war? Zunächst sorgte sie, zusammen mit den anderen reichen, ehemals kranken und nun geheilten Frauen, für das Auskommen Jesu und seiner Jünger. Sie zog mit den 13 Männern umher und begleitete sie, als diese Gottes Herrschaft proklamierten. Das Bild scheint hier einfach und übersichtlich zu sein: Die Männer predigen und die Frauen zahlen. Auch der Grund dafür scheint schlüssig: Wer aus so schwerer Krankheit geholt wurde, ist eben dankbar und opfert dann dienend sein Vermögen. Doch wie bei so manchen allzu schlüssigen Verhältnissen ist auch hier Wachsamkeit angebracht, und ein scharfer Blick in den Bibeltext, an allen Bibelkommentaren vorbei, belehrt uns eines Besseren: Johanna und ihre „Schwestern“ taten in Wahrheit nichts anderes als Jesus und seine Jünger. Alle gemeinsam wanderten und predigten. Was die Frauen um Johanna von den Männern unterscheidet, ist lediglich das Geld: Sie hatten es und die Männer kriegten es.

Hintergrund:

Selbst die neuesten und ausführlichsten Kommentare nehmen glatt an, die Frauen hätten nichts als Diakonie geübt.[25] Das folgende Zitat zeigt, wie rasch man (Mann?) zu Verallgemeinerungen greift:

> *Wie es hier Frauen sind, die den Dienst des Dankens durch Aufopferung ihres Besitzes üben, so ist es dann in den Weisungen der apostolischen Briefe das Amt der Frau, durch wortlosen Dienst der Verkündigung zu dienen (1Petr 3,1f.). (Helmut Gollwitzer)*[26]

Nun, was die zuletzt zitierte Bibelstelle betrifft, so wissen wir aus dem vorhergehenden Kapitel, dass es in 1Petr 3 keineswegs um *das* (!) Amt *der* (!) Frau geht, sondern um einen ethischen Spezialfall!

Immerhin ist es ein männlicher Ausleger, der schon 1954 den Bibeltext Lk 8,1-3 so exakt gelesen hat, wie er gelesen werden muss. Johannes Leipoldt schreibt:

> *Nach den Zwölf werden die Frauen aufgezählt: nur als Helferinnen Jesu in äußeren Dingen? Die Verbindung zwischen Jüngern und Jüngerinnen in unserem Texte scheint mir zu eng, als dass man sich auf diese Auffassung beschränken dürfte. Der Erzähler wird andeuten wollen, dass auch die Frauen unmittelbar dem Evangelium dienen.*[27]

Was will uns der Ausleger damit sagen? Er meint, dass Jünger und Jüngerinnen eine einzige Personengruppe bilden und dass diese gesamte Gruppe „unmittelbar dem Evangelium dient", d.h. es verkündigt.

Wie Recht Herr Leipoldt hat, können wir uns klar machen, wenn wir den fraglichen Satz Lk 8,1-3 wörtlich übersetzen und logisch anordnen:

(A) [1] In der folgenden Zeit durchwanderte er (Jesus) nacheinander Städte und Dörfer,
(B) indem er predigte und die gute Nachricht vom Reich Gottes ausrief,
(B') und die Zwölf mit ihm
(B") [2] und einige Frauen,
(C) die geheilt worden waren von bösen Geistern und Krankheiten: Maria mit dem Beinamen Magdalena, aus der sieben Dämonen herausgegangen waren,
[3] und Johanna, die Frau von Chuza, einem Beamten des Herodes, und Susanna und viele andere,
(C') die ihnen dienten aus ihrem Vermögen.

Der springende Punkt ist hier, dass gerade kein Punkt da ist – nämlich zwischen Vers 1 und 2. Der Satz läuft geradewegs weiter. Selbst die sonst erfreulich genaue Elberfelder Übersetzung leistet sich ein Komma zwischen den „Zwölf mit ihm" (V. 1) und „und einige Frauen" (V. 2). Für Textbastler und Deutsch-Freaks ist der Bibeltext oben grafisch angeordnet, um klar zu machen, welche Satzteile übergeordnet sind und welche gleichwertig nebeneinander stehen.

Das Satzgefüge geht von A bis C.

A ist der Hauptsatz.

Davon abhängig sind die drei Elemente B, B' und B".

Alle diese Teile sind gleichwertig dem Hauptsatz A untergeordnet.

Von B' und B" gilt also das Gleiche, was von B gilt (predigen und evangelisieren).

Die Nebensätze C und C' sind vom Satzteil B" abhängig. In der Tat ist also die „Verbindung zwischen Jüngern [B'] und Jüngerinnen [B"] in unserem Texte" denkbar eng.

Es gab also zweifellos predigende Frauen in der Umgebung Jesu. Gerade die Bibeltreue ist es, die uns zu dieser Schlussfolgerung bringt. Die Frage ist bloß: War das eine Ausnahme, etwa für die Zeit vor Karfreitag und Ostern? War es eine Art theologischer Zufall, weil die Frauen sich vielleicht nicht bremsen konnten, und Jesus hat es zunächst zugelassen? Oder stand ein theologisches Programm dahinter, das bis in die Zeit der Gemeinde hinein galt bzw. gilt?

Verfolgen wir einfach den Weg von Johanna weiter. Wenn wir das Lukasevangelium durchkämmen und alle Abschnitte, in denen Johanna vorkommt, wie an einer Schnur auffädeln, dann ergibt sich folgendes Bild:

Die Jesus-Gruppe – seit Galiläa aus Männern und Frauen bestehend – kommt nach ihren Wanderungen schließlich nach Jerusalem. Dort wirkt Jesus öffentlich, wird gefangen genommen, verhört, verurteilt, gefoltert und am Kreuz hingerichtet. Exakt hier, nach Jesu Tod, treffen wir die Frauengruppe wieder. Zusammen mit den anderen Bekannten Jesu sehen sie sich an, wie Jesus am Kreuz stirbt. Dass auch Johanna dabei ist, wird klargestellt durch die Notiz, es handele sich um die Frauen aus Galiläa. Diese Frauen begleiten den Leichnam Jesu bis in dessen Grabhöhle. Nachdem sie ordnungsgemäß die Sabbatruhe eingehalten haben, kehren sie zum Grab zurück, um die Leiche mit Öl zu pflegen. Wie wir heute wissen, damals die Frauen aber nicht zu träumen gewagt hätten, war das Grab leer, und zwei leuchtend weiß gekleidete Männer informieren sie über die Auferstehung. Die beiden erinnern daran, dass Jesus das doch schon in Galiläa angekündigt hatte. Die Frauen sagen das sofort den elf verbliebenen Jüngern – und wieder wird Johanna hier namentlich erwähnt. Zwar glauben die Elf kein Wort, aber dennoch wird die Angelegenheit für unsere Frage hier spannend.

Ab jetzt beobachten wir eine Personengruppe, die ständig anwächst, aus der aber keiner mehr ausscheidet. Bisher sind versammelt: elf Jünger und eine gewisse Anzahl von Frauen (mindestens fünf), nämlich die galiläischen Jüngerinnen. Später stoßen zwei weitere Männer hinzu: frustrierte Jünger, die sich nach Emmaus hatten absetzen wollen, aber von Jesus Christus auf diesem Weg gestoppt worden waren. Schließlich erfährt die Gruppe, die wir uns im Wohnzimmer eines Hauses versammelt vorstellen müssen, ein letztes Mal Zuwachs: durch den auferstandenen Jesus selbst. Wie gesagt: Keiner ist bisher gegangen, Johanna ist also dabei. Was passiert?

Die Gruppe wechselt über nach Bethanien. Jesus ermächtigt alle seine anwesenden Jüngerinnen und Jünger zu Zeugen. Sie werden also berichten von dem, was sie gesehen und erlebt haben. Jesus kündigt ihnen Kraftausrüstung von oben an (nämlich den Heiligen Geist) und segnet sie, bevor er in den Himmel hinein verschwindet. Es ist eine wirklich apostolische Ermächtigung, die Johanna in gleicher Weise erfährt wie die Elf, die ausdrücklich Apostel heißen. Die zurückgebliebenen Männer und Frauen kehren um nach Jerusalem. Sie sind zeitweilig im Tempel und loben Gott voller Freude, zeitweise im Obergeschoss eines Hauses in Jerusalem, wo sie gemeinsam beten.

Dieser Raum im Obergeschoss ist die Keimzelle der ersten Gemeinde. Noch Jahrhunderte später treffen sich die Christen zu Gottesdiensten in normalen größeren Wohnhäusern. Johanna ist also auf ihrem Weg aus dem Herrscherhof angekommen in der Hauskirche. Sie ist das aber nicht als passives Mitglied der christlichen Gemeinschaft, sondern sie ist eine Frau, die von Jesus gesegnet und autorisiert wurde und die gleichermaßen mit den elf Jüngern den so genannten „Missionsbefehl" Jesu empfangen hat. Es zieht sich ein roter Faden von ihrer Wanderzeit in Galiläa bis zu ihrem Auftrag in der Jerusalemer Hauskirche. Was sie, zusammen mit ihren „Schwestern", in Galiläa tat, ist also keine Episode, kein Zufall, sondern (wenn man so sagen darf) theologisches Programm, das durch den auferstandenen Jesus bestätigt wird.

Dass die Frauen Zeuginnen des leeren Grabes waren, noch vor den männlichen Jüngern, ist weithin bekannt. Doch ohne dass man es extra sagt, wird doch gemeinhin angenommen: Nachdem die Männer dann endlich geglaubt haben, ist der Verkündigungsauftrag eben an die Männer übergegangen. Die Frauen sollten es den Elf sagen und die Elf dann aller Welt. Wieder ist es der genaue Blick in den biblischen Text (auch in die Zusammenhänge, die der Berichterstatter fast unter der Oberfläche hergestellt hat), der die Dinge richtig stellt. Der Auftrag zur Verkündigung ist bei den Frauen geblieben, auch nach Himmelfahrt und Pfingsten.

Hintergrund:

Die Bibelstellen, die der Zusammenfassung zugrunde liegen, sind: Lk 23,49-56; 24,1; 24,9-11; 24,33; 24,46-53; Apg 1,8-14. Die Darstellungen am Ende des Lukasevangeliums und am Anfang der Apostelgeschichte stimmen weitgehend überein, zumindest was die Beteiligung der Frauen angeht. In der Frauengruppe, die in Apg 1,14 genannt wird, taucht der Name Johannas zwar nicht eigens auf, aber der Erzählfaden lässt überhaupt keinen anderen Schluss zu. Abweichungen bestehen lediglich im Ort des Geschehens (Lukas 24: Tempel zu Jerusalem, Apg 1: Obergemach).

Sehr aufschlussreich ist auch noch die Bemerkung der beiden engelgleichen Männer am leeren Grab: „Denkt daran, was er zu euch geredet hat, als er noch in Galiläa war." (Lk 24,6f.) Die Frauen haben also diese Ankündigung Jesu in Galiläa hören können, und folgerichtig erinnerten sie sich auch daran (Lk 24,8). Vergleichen wir nun den Bericht desselben Berichterstatters (Lukas) über die angesprochene Szene, so kommen wir zu Lk 9,22. Der Zusammenhang macht klar, dass während dieser Szene (die erste Leidensankündigung) „nur seine Jünger" bei ihm waren (Lk 9,18). Liest man hier das Wort „Jünger" isoliert, würde man nie auf den Gedanken kommen, dass auch Frauen dabei waren. Aber durch Lk 24,6-8 zeigt Lukas, dass ihm sehr wohl gerade dies bewusst war: Es waren auch Frauen dabei. Wir lernen daraus: Wenn Lukas „Jünger" sagt, kann er auch „Jüngerinnen" meinen. Dass seit Lukas 8,1-3 die Frauen zur Jüngergruppe hinzugehören, diese Einsicht hat Lukas konsequent durchgehalten. Wo immer seitdem im Lukasevangelium von „Jüngern" die Rede ist, müssen wir erwägen, dass auch Frauen damit gemeint sind!

Johanna in der Hauskirche: Von dort aus war sie daran beteiligt, das Reich Gottes auszubreiten. Aus der Gruppe im Obergemach ist sehr bald die so genannte Urgemeinde erwachsen. Von Lukas, dem Verfasser auch der Apostelgeschichte, wissen wir: Diese Urgemeinde lag ihm sehr am Herzen. All das, was Gemeinde bzw. Kirche bedeuten soll und bedeuten kann, ist in seinen Berichten über die Urgemeinde enthalten. Beim Schreiben auch der Notiz über die Hauskirche im Obergemach dürfte er durchaus ein wenig feuchte Hände bekommen haben. Die entsprechenden Bibeltexte sind quasi das Kirchenmanifest des Lukas. Dabei erwähnt er übrigens immer wieder auch, wie die ersten Christen ihren Besitz zu Geld machten und das Geld mit den Armen in ihrer Mitte teilten. Ein Verhalten, das die anderen Menschen nachhaltig beeindruckte!

Hintergrund:
Die Urgemeinde schildert Lukas in einer Art historisch-theologischem Textkonzentrat in Apg 1,14; 2,42-47; 4,32-35; 5,12-16.42.[28] Das Teilen des Geldes erwähnt Lukas zweimal: Apg 2,44f.; 4,32.34-37.

Für Johanna jedoch war das schon fast kalter Kaffee. Das hatte sie doch Jahre zuvor schon gemacht, zusammen mit ihren „Schwestern". Den Reichtum, der ihr früher Garantie für Luxus in zweifelhafter Umgebung gewesen war, hatte sie nach und nach zu verschenken begonnen. Welche Bedeutung Lukas der Urgemeinde auch immer zugemessen hat: Johanna war dieser Gemeinde theologisch längst voraus.

Kapitel 7

„Wer sagt eigentlich, das ginge nicht?"

Lydia setzt ihre Vorstellungen durch

Lydia machte ihren Weg – aber unter erschwerten Umständen: Sie war eine Namenlose, sie war aus ihrer Heimat wegverpflanzt – und werktags stank sie.

Namenlos: Sie wurde einfach nach ihrer Heimat „die Lydierin" benannt, die aus Lydien. Es klang so ähnlich, wie wenn man heute eine Frau einfach „die Polin" nennt. Fern der Heimat: Sie hatte Rückhalt weder durch ihre Familie noch durch eine Dorfgemeinschaft. Vielmehr war sie allein stehend und vor einiger Zeit aus ihrer Heimat fortgezogen. Nun lebte sie im Nordosten Griechenlands, in der römischen Koloniestadt Philippi. Eine bergende Gemeinschaft hatte sie sich erst neu aufbauen müssen.

Und werktags stinkend? Lydia war Purpurfärberin von Beruf. In ihrer Heimat Thyatira gab es jede Gelegenheit, dieses Handwerk von Grund auf zu lernen. Eine wahrhaft schleimige Angelegenheit war es, den Prozess vom Rohstoff zur begehrten Farbsubstanz voranzutreiben. Lieferten die Purpurfischer eine neue Ladung Schnecken an, so mussten die größeren aufgebohrt werden, um den Teil mit der Purpurdrüse herauslösen zu können. Kleinere Schnecken zerstieß man komplett, mit Schale. Dieser Rohstoff wurde drei Tage in Salzlake eingelegt. Die Lauge kam in einen Bleikessel, wurde unter Dampf erhitzt und zehn Tage lang schwach gekocht. Währenddessen konnte man die Schneckenreste abschöpfen. Das Ergebnis war schließlich ein eingetrocknetes Konzentrat, wozu die Brühe bis auf ein Sechzehntel ihres Volumens zusammengekocht wurde. Oft wurden diese Arbeitsgänge von den Purpurfischern selbst ausgeführt. Das Konzentrat konnte nun in den Zwischenhandel gebracht werden.

Danach begann die unappetitliche Phase, und spätestens hier war die Lydierin beteiligt. Sie gab sorgfältig aufeinander abgestimmte Zusatzstoffe wie Honig und Urin mit dem Konzentrat in Wasser und gewann so den Farbstoff. Die Atmosphäre ihrer Arbeit blieb ihr buchstäblich in den Kleidern hängen, und dazu auf Haut und Haaren. Daher also stank Lydia. Ihre Herkunftsstadt Thyatira war ebenso berühmt für die Purpurproduktion wie berüchtigt für den Gestank.

Mit dem produzierten Farbstoff wurde Wolle gefärbt. Die Palette reichte vom lichten Blau bis zum tiefen Rotviolett.[29] In der Regel wurde die Wolle von den Färberinnen dann auch selbst verkauft.

Eine solch unangenehme Arbeit war Sache von Frauen. Aufgrund der weithin wahrnehmbaren Geruchsfahne siedelte man die Färbereien außerhalb der Stadtgrenzen an, wobei man die Hauptwindrichtung beachtete. Ein Gewässer in der Nähe war von Vorteil, weil Wasser ja sowohl zum Kochen als auch zum Lösen des Konzentrats benötigt wurde. In ihrer neuen Heimat Philippi hatte die Lydierin solch einen passenden Platz gefunden. Mit einigen anderen Frauen arbeitete sie dort – eine Purpurfärberei erforderte gewöhnlich mehrere Angestellte.

Hintergrund:

Lydias Geschichte wird knapp in Apg 16,13-15 berichtet. Vermerkt wird ihre Herkunft aus Thyatira sowie in Philippi ihr Aufenthaltsort am Wasser außerhalb der Stadt. Ihr Beruf wird mit „Purpurhändlerin" angegeben. In so gut wie jeder Auslegung ist Lydia damit als reiche Kauffrau charakterisiert. Anlass dazu war zum einen die Tatsache, dass Purpur ein Luxusprodukt war, und zum anderen, dass sie keinen Mann hatte. Wer sonst als eine reiche Frau sollte zu einem wirtschaftlich selbstständigen Leben in der Lage sein?

Historische Fakten aber erschüttern dieses Bild. Im Lateinischen war die Bezeichnung für Purpurhändler und Purpurfärber identisch („purpurarius"). Es gab keinen Extra-Namen, der speziell das Handwerk bezeichnen würde. Das Griechische des Neuen Testaments spricht zwar von der „Verkäuferin", aber wenn das eine Rückübersetzung des lateinischen Fachwortes war – solche sprachlichen Figuren gibt es häufig im Neuen Testament – bleibt zunächst offen, ob Lydia Handel oder Handwerk trieb. Für das Handwerk allerdings spricht, dass die Purpurfärberei ein Frauenberuf war, dass Lydia einen Sklavennamen trug (oft wurde der Färberberuf von Sklavinnen oder Freigelassenen ausgeübt) und dass die Betriebe außerhalb am Wasser lagen. Herstellung und Verkauf der gefärbten Wolle wurden nicht selten im selben Geschäft abgewickelt. Daraus kann sich die griechische Bezeichnung „Verkäuferin" im Neuen Testament erklären, die also das Handwerk keineswegs ausschließt. Damit aber ist das Bild von der selbstständigen Luxushändlerin zerplatzt.

Nun besaß Lydia selbst ein Haus. Dennoch darf man sie keineswegs unter die Wohlhabenden rechnen: Kleine Häuser mit Laden hatten damals z. B. Handwerker, die einer sozial eher niedrigeren Schicht angehörten, wie uns das Kapitel über Priska gezeigt hat. Auch von einem Gerber, ebenfalls also einem „kleinen" Handwerker, erfahren wir, dass er ein Haus (am Meer) hatte (Apg 9,43; 10,6). Den geringen sozialen Status von Lydia untermauert die Tatsache, dass ihr Beruf verachtet war.[30]

Übrigens gab es neben der Purpurherstellung aus Schnecken auch noch pflanzliche Produktion. Dieser Farbstoff ist nun kein Luxusprodukt wie der aus Schnecken gewonnene. Falls Lydia pflanzlichen Farbstoff verarbeitete, wäre auch das ein Argument für eine geringverdienende Frau.[31]

Vielleicht war Lydia an der ersten Produktionsphase (vom Zerkleinern der Schnecken bis zum Gewinnen des Konzentrats) nicht selbst beteiligt. Oft lag dieses Stadium in der Hand der Purpurfischer.[32] Doch gerade die unappetitliche Phase war Angelegenheit der Purpurfärberinnen.

Die Herkunftsstadt Lydias, Thyatira, war weithin bekannt als Standort der Purpurindustrie. Doch auch für Philippi ist ein entsprechender Handwerksbetrieb problemlos anzunehmen, denn „die Purpurfabrikation wurde von ihrem Zentrum in Syrien bald über das gesamte Mittelmeergebiet verbreitet"[33].

Dieses Gewerbe wird in Philippi nicht sehr bedeutsam gewesen sein, denn es ist heute nur eine einzige Inschrift von dort erhalten, die davon spricht. Aber immerhin gibt es diese eine, die also das Handwerk in Philippi belegt.[34]

Zu irgendeinem Zeitpunkt, den wir nicht näher fassen können, begann der Gott der Bibel eine Rolle in Lydias Leben zu spielen. Sie hatte Kontakt zu Juden bekommen und entschloss sich, diese Glaubens- und Lebensweise für sich zu übernehmen. Vollgültige Jüdin wurde sie nicht, denn sie war ja als Heidin geboren. Aber die jüdische Spiritualität und Ethik machte sie zu ihrer Sache. Kein leichter Entschluss in der vom römischen Militär geprägten Stadt Philippi. Jüdische Glaubensgenossen gab es nur ganz wenige. Männer waren wohl nur wenige oder gar keine darunter – jedenfalls nicht genügend, die ihrem Glauben Ausdruck in Form von Gottesdiensten geben und den Minjan bilden konnten: Das ist im Judentum die gottesdienstliche Versammlung, zu der die Mindestzahl von zehn Männern erforderlich ist. Die Anzahl der beteiligten Frauen ist dabei unerheblich. Ein Minjan konnte in Philippi nicht gebildet werden. Doch die Lydierin ließ sich dadurch nicht hindern, Gottesdienst mit ihren Glaubensschwestern zu feiern. Sie tat das naturgemäß dort, wo sie zu Hause war, nämlich in bzw. an der Purpurfärberei: ein Gottesdienst im Gewerbegebiet Philippis. Sie schien von einer Haltung bestimmt zu sein, die fragt: „Wer sagt eigentlich, das ginge nicht?" Nach der ersten Einschätzung und nach dem durchschnittlichen jüdischen Brauch ginge es tatsächlich nicht, als Frau eine Gemeinde zu gründen und selbstständig Gottesdienst zu feiern. Doch weil Lydia es wollte, ging es! Eine Frau, die sich durchsetzen konnte? Nicht „sich" – wohl aber ihren Wunsch, Gott zu dienen.

Eines Sabbats bekam die jüdische Gemeinde im Industriegebiet Besuch. Eine Gruppe von Predigern auf der Suche nach einer Synagoge stöberte die Schar auf und klinkte sich in den Gottesdienst ein. Während des Lehrgesprächs wurde aber rasch deutlich, dass sie keine hergebrachte Schriftauslegung vertraten. Vielmehr behaupteten sie, dem angekündigten Messias bereits begegnet zu sein. Die

Lydierin ließ sich auf diese neue Botschaft ein. Mit sich steigerndem Interesse hörte sie zu, und bald spitzten auch die ihre Ohren, die zu ihrem Haushalt gehörten. Es dauerte nur kurze Zeit, bis sie überzeugt war. Um diesen Messias Jesus anzunehmen und zu bekennen, empfahlen ihr die Missionare, sich taufen zu lassen. Das tat nicht nur sie, sondern mit ihr ihre Hausgenossen. Wasser gab es ja genug an dieser Stelle. Der Fluss, der ihr sonst Rohstoff für ihren Lebensunterhalt bereitstellte, diente nun als Taufwasser-Lieferant für den Beginn ihres neuen Lebens.

Hintergrund:

In der Tat war es der Fluss, der die Missionare (Paulus, Silas, Timotheus und noch mindestes ein Berichterstatter) und Lydia zusammenführte. Auf der Suche nach einer Synagoge wandten sich die Verkündiger gezielt an eine Wasserstelle, denn Synagogen wurden gern dort gebaut, um die Tauchbäder frisch füllen zu können. Nun gab es in Philippi möglicherweise keine regelrechte Synagoge. Da aber auch Lydias Handwerk Wasserbedarf hatte, stießen die Missionare auf ihre Gruppe.

Ob der Gottesdienst der Jüdinnen in einer normalen Synagoge oder in einem einfachen Bethaus stattfand, wird diskutiert. Obwohl die Apostelgeschichte ein selten gebrauchtes Wort verwendet („Gebetsstätte"), ist sprachlich eine Synagoge durchaus möglich. Die Diskussion ist, soweit ich sehe, stark beeinflusst davon, wie man das erzielte Ergebnis bewertet. Feministische Auslegerinnen plädieren dafür, eine normale Synagoge anzunehmen; das Einzige, was dagegen spräche, sei die männliche Vorstellungskraft, die sich bei bloß einigen Frauen eben keine Synagoge denken könne. Die Lage am Fluss ist dann ein zusätzliches Argument.[35] Für eine andere feministische Theologin dagegen ist der Gewerbebetrieb der Grund, weshalb das Bethaus am Wasser liegt, und sie spricht nicht von einer Synagoge, sondern von der „Gebetsstätte".[36] Verkürzt gesagt: Wer es begrüßt, einen vollgültigen jüdischen Gottesdienst zu finden, nimmt eine echte Synagoge an; wer es begrüßt, nachweislich eine Handwerkerin (und keine Luxuskauffrau) zu finden, nimmt in

Kauf, bloß eine Gebetsstätte statt einer Synagoge zu vermuten. Doch warum sollte der Gottesdienst irgendwie beschränkt und nicht vollgültig gewesen sein, selbst wenn „nur" ein einfaches Bethaus am Wasser stand? In diesem Kapitel wird der Gottesdienst der Frauengemeinde als normaler jüdischer Gottesdienst und damit als sprechende Ausnahme von der Regel des „Minjan" betrachtet. Solche Ausnahmen waren durchaus nicht undenkbar.[37] Jede Einschränkung des Gottesdienstes ist dem Bericht der Apostelgeschichte jedenfalls nicht zu entnehmen, sondern müsste erst in ihn hineingelesen werden.

Welche Hausgenossinnen oder vielleicht auch -genossen lebten in Lydias Haushalt und wurden mit ihr getauft? Färbereien gehörten gewöhnlich einem Besitzer, der mehrere Arbeiterinnen angestellt hatte. Das Aufkommen war in der Regel nicht von einer Arbeiterin allein zu schaffen. Wenn Lydia nun einerseits nicht verheiratet war, andererseits mehrere Menschen in ihrem Hauswesen wohnen hatte (Apg 16,15), so wird an Verwandte oder Kolleginnen zu denken sein. Nicht auszuschließen ist, dass Lydia auch Sklaven hatte – „auch kleine Leute hatten u.U. eine Sklavin."[38]

Für gewöhnlich war es ein Glücksfall, wenn sich eine ganze Hausgemeinschaft bekehrte. Das jeweils erste Haus war die Keimzelle der entstehenden Gemeinde. Auch wenn später weitere Häuser oder Einzelpersonen gewonnen wurden, war das erste Haus meist Basis und Versammlungsort. Oft wurden die Erstbekehrten auf diese Weise zu örtlichen Gemeindeleitern – wobei „Gemeinde" damals immer eine Hausgemeinde war.

Warum nur zögerte Paulus, Lydias Haus zur missionarischen Ausgangsbasis für Philippi zu machen? Dass damit eine Frau die Hausgemeinde leiten würde, war für ihn kein Problem. Er stand mit mehr als einer Hausgemeindeleiterin in geistlichem Kontakt. Dass er das Industriegebiet für die Missionsarbeit ungeeignet fand, kann es auch nicht gewesen sein: Die Existenz der jüdischen Frauengemeinde war ja gerade der Gegenbeweis. Und dass es ihm schlicht zu unangenehm roch, wird man dem askeseerprobten Apostel auch nicht unterstellen können. Auf jeden Fall musste er sich erst davon überzeugen lassen, an dieser Stelle mit der Gemeindegründung fortzufahren.

Vielleicht lag es einfach daran, dass Paulus andere Erwartungen hatte: nämlich einen Mann zu Christus zu führen und mit ihm seine Arbeit in Griechenland zu beginnen. Keine selbst gemachte Erwartung war das. Sondern durch den Mann, der ihm da vorschwebte, war Paulus überhaupt erst nach Griechenland gekommen. Während er zuvor verschiedene Missionspläne für Kleinasien (die heutige Türkei) gefasst und ausprobiert hatte, zerschlug sich ein Versuch nach dem anderen – besser gesagt: Gott selbst setzte ein Stopp-Signal. Grünes Licht bekam Paulus erst durch eine nächtliche Vision. Er sah einen hilferufenden Mann, der deutlich als Mazedonier (also Nordostgrieche) erkennbar gewesen sein musste und der Paulus dringend in sein Land einlud. Was Wunder, dass der suchende Blick Paulus' auf einen bekehrungswilligen Mann eingestellt war! Verständlich, wenn Paulus den Eindruck hatte, dass die Begegnung mit der Lydierin noch nicht der von Gott geplante Start gewesen sei. Gut vorstellbar also, dass es noch einige Zeit dauerte, bis Paulus merkte: der „Mann“ war in der Realität eine Frau, und dazu keine mazedonische, sondern eine lydische (aus der ungefähren Gegend, aus der Paulus gerade gekommen war)! Doch nach der entsprechenden Überzeugungsarbeit ließ Paulus sich darauf ein und machte mit seinem Team im Haus der Handwerkerin Quartier.

Wie aber ließ Paulus sich überzeugen? Lydia selbst war es, die darauf drängte, dass die Missionare ihr Quartier bei ihr aufschlugen. Für sie war es die Nagelprobe ihres Glaubens. Jede zögerliche Haltung wirkte auf sie wie ein Zweifel an ihrem Christusbekenntnis. Wenn es aber Gott war, der ihr das Herz geöffnet hatte, dann „musste“ die Gemeindeentstehung auch durch ihr Haus führen. Die Einstellung, die ihr zuvor schon genug Rückgrat gegeben hatte, eine jüdische Gemeinde mit zu verantworten, leitete sie auch jetzt: „Wer sagt eigentlich, dass das nicht geht?“ Lydia setzte ihre Vorstellungen durch, auch gegen die ursprüngliche Absicht der Männer, die sie bekehrt hatten. Als diese Männer nach einem unfreiwilligen

Zwischenaufenthalt im Gefängnis zu Lydias Haus zurückkehrten, trafen sie denn auch eine gewachsene Gemeinde aus Männern und Frauen an: In Lydias Haus war Gemeinde geboren worden.

Hintergrund:

Die vereitelten Reisepläne der Missionare notiert Apg 16,6-8. Die Entstehung der Gemeinde in Lydias Haus ist Apg 16,40 zu entnehmen.

Die ursprüngliche Absicht der Paulusgruppe können wir nur indirekt aus dem Bericht der Apostelgeschichte erschließen:

> *Sie begann zu glauben und ließ sich mit ihrer Hausgemeinschaft taufen. Danach forderte sie uns auf: „Wenn ihr davon überzeugt seid, dass ich an den Herrn glaube, dann kommt und wohnt in meinem Haus." Sie gab nicht eher Ruhe, bis wir einwilligten. (Apg 16,15)*

Ohne einen irgendwie erkennbaren Widerstand wäre Lydias Nachdruck nicht erklärlich. Paulus muss sich also zunächst gesperrt haben. Dass es nicht am Geschlecht Lydias gelegen haben kann, beweisen die Hausgemeindeleiterinnen, mit denen Paulus problemlosen Umgang hatte: Priska (siehe Kapitel 2) und auch Nympha (Kol 4,15) – eine Frau, die ohne Mann an ihrer Seite für die Hausgemeinde verantwortlich war.

Auf die Überraschung, die Paulus mit Lydia erlebt haben musste, macht der Neutestamentler Wiard Popkes aufmerksam:

> *Wer war der Mann, den Paulus in seiner nächtlichen Vision gesehen hatte? […] Von der Situation her lautet die Antwort: Der Mann stellte sich als Frau heraus. Man könnte sich sogar fragen, ob Paulus selbst so glücklich darüber war […] Ich kann mir vorstellen, dass er [Lukas] diesen Bericht hier mit einem gewissen Augenzwinkern geschrieben hat. Paulus sieht in der Vision einen Mann, und er trifft auf eine Frau. Genauer, d.h. von der Missionsgeschichte her besehen, ist das so verwunderlich nicht. Wie die Kirchengeschichte uns lehrt,*

beginnt die Mission in der Regel mit Frauen und Kindern, die Männer folgen als Letzte.[39]

Die Gesellschaftswissenschaft des vorigen Jahrhunderts kennt den Begriff der „Schattenarbeit". Gemeint ist Arbeit, die im Verborgenen geschieht und die sichtbaren und anerkannten Arbeiten erst möglich macht. Um ein Haar wäre die Lydierin zur Schattenarbeiterin im Reich Gottes geworden: Sie hätte dem Evangelium als Erste in Griechenland die Tür geöffnet, wäre aber dann in einer Nische der Christenheit verschwunden. Das wäre nicht unbedingt ein geistlicher Unglücksfall, denn Christen vertrauen dem Gott, der ins Verborgene sieht, und die Anerkennung bei ihm ist allemal wichtiger (und auch beglückender) als die Anerkennung von Menschen. Doch wäre es bei Lydia besonders schade gewesen, wenn sie im Schatten unsichtbar geworden wäre. Uns wäre ein unverzichtbares Beispiel verloren gegangen. Ihre Durchsetzungskraft ist eine Eigenschaft, die für Männer und Frauen im Reich Gottes wichtig und nachahmenswert ist. Denn allzu oft wird Erneuerung verhindert durch „vorauseilenden Gehorsam" oder „vorauseilendes Einverständnis". Das heißt: Noch bevor man wirklich ausgeleuchtet hat, ob eine neue Entwicklung möglich oder sogar von Christus geboten ist, belässt man es lieber beim Alten. Solch vorauseilender Gehorsam kann fatal für die christliche Kirche sein. Besonders krasses Beispiel ist der Treueeid auf Adolf Hitler, den die deutschen Pfarrer 1938 ablegten – und zwar ohne staatlichen Druck, nur auf Anregung eines Kirchenbeamten hin! Aber auch im Kleinen wirkt vorauseilende Anpassung an die gegebenen Umstände lähmend. Die Haltung Lydias ist eine wirksame Medizin dagegen: einfach „Wer sagt eigentlich, das ginge nicht?" fragen.

Lydias Durchsetzungskraft darf keineswegs mit Selbstverwirklichung verwechselt werden. Es ging dieser Frau nicht darum, groß herauszukommen. Vielmehr wollte sie Gott dienen, als Teilnehmerin ihrer jüdischen Gemeinde wie als christliche Hausgemeindegründerin. Für dieses Ziel ist jede Durchsetzungskraft wünschenswert. Die Bibelauslegerin Luise Schottroff entdeckt bei Lydia „eine neue Qualität der Macht":

> *Lydias Kraft spricht aus jedem Detail ihrer Geschichte. […] Lydia hat Menschen zusammengebracht und ihr gemeinsames Leben neu zu gestalten mitgeholfen. […] Ihre Leitung entstand daraus, dass sie Menschen in eine Gemeinschaft zusammenbrachte, die sich am Gott Israels und später dann auch an Jesus orientierte. Diese Gemeinschaft verstand sich als Senfkorn des kommenden Gottesreiches. Die Macht, die in dieser Gemeinschaft wuchs, war nicht Macht, die andere klein macht, sondern Macht, die geteilt wird und andere groß machen will, wenn sie klein und elend sind. Die „Nötigung" der Lydia war Ausdruck einer Macht, die nicht auf Herrschaft ausgerichtet ist, sondern auf Gerechtigkeit.*[40]

Mag sein, dass Lydia damit von Eigenschaften abwich, die manchmal als typisch weiblich den Frauen zugeschrieben werden. Nicht selten liest man ja, das Zupackende, Gestaltende sei eher männliche Eigenschaft, während Frauen eher eine empfängliche Seite bescheinigt wird. Nun, als energisch gestaltender Mensch hat Lydia sich deutlich gezeigt. An der entscheidenden Stelle aber war sie passiv und empfänglich: als sie die Botschaft vom Messias Jesus annahm. „Und der Herr öffnete ihr das Herz", wird von ihr berichtet, und sie lässt das geschehen. Solche Empfänglichkeit aber ist eben nicht typisch weiblich. Vielmehr muss jeder dazu bereit sein, der zum Glauben kommt, und wer auch immer sich dieser Empfänglichkeit verschließt, sei es Mann oder Frau, verpasst das Heil Gottes.

Kapitel 8

Im aktiven Ruhestand auf Kreta

Wenn alte Mütter plötzlich lehren sollen

Rüstige Rentner, die sich's leisten können, übersiedeln gern mal nach Mallorca. Was ihnen bleibt, ist die Aussicht auf einen mehr oder weniger aktiven Ruhestand – je nach Kraft und Bedürfnis – in angenehmem Klima. Was aber blieb den ersten Christinnen, die schon immer auf Kreta lebten und nun alt geworden waren? Aktiv sein, und das gerade als Christin, sich also einsetzen für Gott: kam das infrage?

Vielen Menschen damals (und heute?) schien es so, als hätte die normale christliche Seniorin, wenn sie sich an die Anweisungen ihres Gemeindeleiters hielt, das Wesentliche bereits hinter sich. Als das Wesentliche galt, sich mütterlich der Geburt und der Erziehung von Kindern zu widmen. Eigenes Interesse an Glaubensfragen war verdächtig. Es stand zu befürchten, dass die Christinnen sich einen theologischen Virus einfingen, der sie auf dumme Gedanken brachte: z.B. darauf, aus der Rolle als Familienfrau auszusteigen. So etwas war nach wie vor in einigen Bereichen des frühen Christentums unerwünscht, trotz des Umgangs, den Jesus vorgelebt hatte und trotz der zahlreichen mündigen Frauen in den ersten Gemeinden. Maßgebliche Männer bemühten sich also, diesen Keim zu ersticken. Die Gründe dafür müssen nicht ausschließlich patriarchalisch gewesen sein. Es dürfte auch mitgespielt haben, dass die emanzipationsfreudige Glaubensrichtung nun wirklich schlecht zum evangeliumsgemäßen Glauben an Jesus passte. Die aufkommende Erkenntnislehre namens „Gnosis" zog verschiedene Falschlehren und Fehlhaltungen nach sich. Traditionelle Ehepflichten abzuschütteln galt als eine davon. Ob die maßgeblichen Männer nun eher die Irrlehre wegen ihrer falschen Theologie treffen wollten oder ob sie die Emanzipation erledigen wollten – ihr theologischer Hammer war groß genug, dass sie beides mit einem Streich erwischten.

Eine alte Christin, die sich an die Vorgaben hielt, hatte also eine häuslich-familiäre Vergangenheit ohne spezielles Engagement in der Gemeinde. Diese Auffassung war, wie gesagt, verbreitet. Übersehen wird hier freilich, dass es gleichzeitig durchaus Diakoninnen gab. Sie trugen sehr wohl Verantwortung und waren an der Wortverkündigung beteiligt.

Hintergrund:
Wir betrachten hier die Christinnen in den Gemeindebereichen von Ephesus und Kreta. Beide Bereiche waren eine Zeit lang im Blick auf die Gemeindestrukturen vergleichbar. Das zeigen die so genannten „Pastoralbriefe", also die beiden Briefe an Timotheus und der an Titus. Alle drei Briefe hängen eng miteinander zusammen. Damit sind auch die „maßgeblichen Männer" für die betreffenden Gemeinden genannt: Es waren Paulus als Absender der Briefe sowie Timotheus für die Gemeinden in Ephesus und Titus für die auf Kreta.

Die allgemeine Verhaltensanweisung der Pastoralbriefe für Christinnen steht in 1Tim 2,9-15. Hier findet sich das – im Nachhinein fast klassisch gewordene – Verbot für Frauen zu lehren. Stattdessen sollten sie Kinder gebären und diese anständig und fromm erziehen – das trage zu ihrer Rettung bei: nicht etwa zur Rettung der Kinder, sondern der Mütter! Eine Auffassung, die im Neuen Testament ziemlich allein dasteht und auch sachlich missverständlich ist und missverstanden wurde. Im Hintergrund steht hier vermutlich die Geistesströmung der „Gnosis": Sie lehrte, dass alles auf die unsterbliche Seele ankomme und dass der ganze körperliche Bereich unbedeutend sei, ja verachtet werden müsse. Die einen folgerten daraus zügellosen Sex – wenn der Körper doch theologisch sowieso unwichtig ist. Andere zogen das Gegenteil als Konsequenz und wählten die Enthaltsamkeit: Wenn der Körper zu verachten ist, soll man ihm auch keine Sexualität gönnen.

In den Gemeinden der Pastoralbriefe könnte es Frauen gegeben haben, die die gnostische Körperfeindlichkeit als Aufforderung zum Ausstieg aus der Familie verstanden haben. Vielleicht glaubten sie, so ihre „Rettung" zu begünstigen. Demgegenüber wehrt Paulus ab: Nicht durch Ausstieg aus der Familienrolle wird man (besonders) gerettet, sondern gerade innerhalb dieser Rolle. (Dass die Formulierung von Paulus missverständlich ist und auch gar nicht zum Zentrum seiner Theologie passt, steht auf einem anderen Blatt. Wie kann es sein, dass Frauen durch eine bestimmte Verhaltensweise gerettet werden, wenn es doch ausschließlich der Glaube an Jesus Christus ist, der abseits aller „Werke" rettet? [Röm 3,28] Die schwierigen Auslegungsfragen zu 1Tim 2 können hier nicht weiter verfolgt werden.[41] Der Gegensatz zwischen 1Tim 2 und z. B. Röm 3 ist aber ein sehr deutlicher Hinweis darauf, dass diese Weisungen des Timotheusbriefes offenkundig nicht schrankenlos allgemein gültig gemeint waren.)

Der gesamte Brief zeigt, dass eine Lehr-Verantwortung von Christinnen nicht *grundsätzlich* ausgeschlossen war. Die Aufgabe der Diakonin (1Tim 3,11) haben wir im dritten Kapitel kennen gelernt.

Was also blieb einer engagierten alten Christin aus dem Gemeinschaftsverband Ephesus-Kreta, wenn die Enkel aus dem Haus waren? (Es konnten ja nicht alle Diakonin werden.) Zunächst wenig. Wenn sie Witwe wäre, dann hätte sie eine geistliche Perspektive. Witwen erfüllten einen wichtigen Dienst in den Gemeinden: Sie waren vollzeitliche und hauptamtliche Beterinnen. Als solche waren sie in der Gemeinde quasi fest angestellt und bezogen ein Gehalt. Ihre Arbeit bildete ein bedeutendes Kraftfeld und war aus der Gemeinde nicht wegzudenken. Auch hier scheinen die „maßgeblichen Männer" theologische Gefahr gewittert zu haben – die Konzentration der Witwen nur auf geistliches Leben, ohne jeden Bezug zur Mutterrolle, roch doch ein wenig nach dem, was sie schon an den jüngeren Frauen kritisiert hatten. Wenn sie dennoch den vollzeitlichen Gebetsdienst der Witwen nicht unterbunden haben, dann zeigt das, wie unverzichtbar diese Arbeit war.

Gelegentlich brachte der Witwendienst noch eine Nebenwirkung hervor: prophetische Wegweisung. – Wenn also eine Gemeinde dynamisch war, dann wird das auf unsichtbarer Ebene auch mit dem Gebetsdienst der Witwen zu tun gehabt haben.

Hintergrund:
In 1Tim 5,3-16 gibt Paulus eine umfangreiche Dienstanweisung für den Umgang mit Witwen in der Gemeinde. Ihre Aufgabe wird in V. 5 klar beschrieben: allein auf Gott hoffen sowie beharrlich beten und flehen, Tag und Nacht. Man verwechselt diese Aufgabe leicht mit einem karitativen Besuchsdienst. Die christliche Krankenschwester taucht so wieder am Horizont auf. Aber der karitative Dienst ist bloß die Voraussetzung für den Witwendienst (V. 10). Dass die betenden Witwen von der Gemeinde angestellt und bezahlt wurden, sagen V. 3 und 16. Das „ehren" in V. 3 ist ein Fachausdruck und meint die Besoldung.

Die Dienstanweisung in 1Tim 5 lässt deutlich die Tendenz erkennen, dass nicht zu viele Frauen in den Witwendienst gelangen sollen. Dass der Ehemann tot ist, reicht nicht aus. Wo immer eine Witwe sich familiär betätigen kann, soll sie in diese Rolle schlüpfen. Nur wo gar keine Möglichkeit mehr für Mutter- oder Großmutterpflichten besteht, ist die Arbeit als Beterin denkbar.

Was tat so eine Witwe noch außer beten? Nicht viel. Möglicherweise hat sie gelegentlich Hausbesuche gemacht – dann wäre V. 13 eine Anspielung auf den Missbrauch dieser Besuche. Wahrscheinlicher ist, dass aus dem Gebet ab und zu ein prophetischer Dienst entstand. So war es z. B. bei der Witwe Hanna, die als Musterbeispiel einer vollzeitlichen Beterin gelten kann (Lukas 2,36-38). Auch in der Kirche späterer Jahrhunderte waren Witwen als charismatische Prophetinnen bekannt.[42]

Was aber fingen verheiratete Seniorinnen mit ihrer Zeit an? Drohte einer alten Kreterin, deren Nachkommen versorgt waren, deren Mann aber noch lebte, ein geistliches Vakuum? Eines, das sie erst hätte füllen dürfen, wenn ihr Mann verstarb? Vielleicht hatte sie schon Zeit ihres Lebens überzählige Gaben gehabt, die bisher innerhalb ihrer Familie nicht gefragt gewesen waren. Wohin mit ihren Ressourcen? Blieb ihr nur noch das gemeindliche Abstellgleis?

Keineswegs. Die Gemeinden auf Kreta hatten einen ganz speziellen Auftrag für sie. Die Alte durfte nicht bloß, sondern sollte ausdrücklich als Lehrerin ihrer Gemeinde arbeiten. Sie wurde eingespannt in die Aufgabe, die Gemeinde für ihre Berufung fit zu machen. Diese Berufung hieß schlicht: als das besondere Eigentum Jesu Gutes tun. Für dieses Ziel mussten die alten Frauen „Lehrerinnen des Guten" werden.

Und dieser Dienst wurde ihnen auch zugetraut, obwohl sie ja vorher hauptsächlich mit Familienpflichten befasst sein sollten. Die maßgeblichen Männer der betreffenden Gemeinden haben offenbar kein Problem in diesem Aufgabenwechsel gesehen. Sie haben auch nicht bloß an die Diakoninnen gedacht, denn der Lehrauftrag gilt generell allen alten Frauen, sofern sie eine entsprechende Ethik in ihrem Alltag erkennen lassen.

Für die Seniorin, die den Titusbrief im Gottesdienst hörte, mag das eine überraschende Perspektive gewesen sein. Wenn sie überhaupt jemandem etwas weiterzusagen hätte, dann waren das bisher eben ihre Kinder und Enkel gewesen. So lag der Gedanke nahe, dass sie auch jetzt ihre Weisheit bloß an jüngere Frauen vermitteln sollte, damit diese hübsch innerhalb der familiären Grenzen bleiben. In der Tat ist der Lehrauftrag an die Alten auch fast immer so verstanden worden: „Ihr Alten, leitet die jungen Frauen an, dass sie häuslich sind und ihre Pflichten gegenüber Mann und Kindern erfüllen." Diese Einschränkung verwundert nicht, denn die maßgeblichen Männer haben sich mehrdeutig ausgedrückt, als sie den Lehrauftrag erteilten. Bei genauem Hinsehen aber entfällt jede Einschränkung: Ganz allgemein und ohne Begrenzung des „Schülerkreises" müssen alte Frauen gute Lehrerinnen der Gemeinde sein.

An dieser Stelle sind Sie wieder eingeladen, selbst mit dem biblischen Text zu experimentieren. Um die Eigenarten und Mehrdeutigkeiten des griechischen Originaltextes nachzuempfinden, wird gleich ein deutscher Vergleichstext angeboten. Es handelt sich um eine sehr wörtliche Übersetzung, die in Großbuchstaben und ohne Wortabstände abgedruckt ist – so wie es den frühesten griechischen Handschriften entsprach. Der

Wechsel von einer Zeile in die nächste ist ohne Bedeutung; er kann u.U. mitten in einem Wort liegen. – Wenn Sie das Experiment überspringen und lieber gleich zu den Ergebnissen kommen wollen, dann lesen Sie bitte auf Seite 82 weiter.

Das Experiment nun:

a) Versuchen Sie, die Wortabtrennungen herauszufinden; setzen Sie senkrechte Striche.

b) Versuchen Sie, eine Gliederung herauszufinden. Wo gibt es sinngemäße Abschnitte? Wo beginnt ein neuer Gedanke?

c) Hilfreich ist folgende Frage: Gibt es wiederkehrende Ausdrücke, die eine Gliederung anzeigen können? Gibt es wiederkehrende Satz-Anfänge? Auch sie könnten Hinweis für die vom Autor beabsichtigte Gliederung sein.

d) Falls Sie den Text wieder erkennen: Schlagen Sie ihn nicht in Ihrer Bibel nach! Versuchen Sie, die Aufgabe nur mit diesem Text hier zu bearbeiten! Nur so viel sei verraten: Das „du" am Beginn des Textes gilt Titus.

DUABERLEHREWASANGEMESSENISTDERGESUN
DENLEHREDIEALTENMÄNNERDASSSIENÜCH
TERNSEIENACHTBARBESONNENGESUN
DIMGLAUBENINDERLIEBEINDERGEDULDDIE
ALTENFRAUENEBENSOIMVERHALTENDERHEI
LIGKEITANGEMESSENNICHTVERLEUMDER
ISCHNICHTVIELEMWEINUNTERWORFENGU
TESLEHRENDDAMITSIEBESONNENMA
CHENDIEJUNGENFRAUENDASSSIEIHRENMÄN
NERNGEGENÜBERLIEBEVOLLSEIENIH
RENKINDERNGEGENÜBERLIEBEVOLL
BESONNENEHRBARHÄUSLICHGÜTIGSICHUN
TERORDNENDIHRENEIGENENMÄNNERN
DAMITÜBERDASWORTGOTTESNICHTGELÄS
TERTWIRDDIEJUNGENMÄNNEREBENSOER
MAHNEDASSSIEBESONNENSEIENINJEDERHIN

SICHTDICHSELBSTBEREITSTELLENDALS VORBILDGUTERWERKE ...

Versuchen Sie nun mit dem von Ihnen gewonnenen Text folgende Fragen zu beantworten:

- *Wer wird aufgefordert zu lehren? (Es sind zwei verschiedene Personen bzw. Personengruppen).*
- *Wen sollen diese Personen bzw. Personengruppen belehren?*
- *Welche Angaben über den „Adressaten" der Belehrung finden sich?*

(Die „Auflösung" des Experiments finden Sie auf Seite 83.)

Hintergrund:

Die genannte Lehrbeauftragung findet sich in Titus 2,3+4. Der gesamte Abschnitt richtet sich an die verschiedenen Geschlechter und Altersgruppen. So werden alte Männer und alte Frauen, junge Frauen und junge Männer genannt; nachgetragen wird noch die Gruppe der Sklaven (Tit 2,1-10).

Ein Blick in unsere Bibeln lässt keine Spur ahnen davon, dass die alten Frauen generell Gemeinde-Lehrerinnen sein sollten. Ausnahmslos jede Übersetzung bezieht die Lehre der Alten auf die jungen Frauen. So heißt es z.B. in der wortgetreuen Elberfelder Übersetzung:

> *Die alten Frauen [sollst du anweisen, ...] Lehrerinnen des Guten [zu sein,] damit sie die jungen Frauen unterweisen, ihre Männer zu lieben, ihre Kinder zu lieben, besonnen, keusch, mit häuslichen Arbeiten beschäftigt, gütig [zu sein], den eigenen Männern sich unterzuordnen, damit das Wort Gottes nicht verlästert werde.*

Hier fällt die Alte kaum aus ihrer bisherigen Mutterrolle, nur dass sie nicht selbst Familienarbeit tut, sondern andere dazu anhält. Diese Übersetzung ist vom Wortbestand her durchaus nicht falsch. Vom Gedankengang des ganzen Abschnittes her aber ist es mit Abstand bloß die zweitbeste Übersetzung.

Auf die richtigere Spur kommen wir, wenn wir uns a) vor Augen halten, dass die damaligen biblischen Handschriften ohne Punkt und Komma heruntergeschrieben wurden: Satzzeichen, Sinneinheiten und Abschnitte musste man selbst aus dem Text erschließen. Und b) ist zu beachten, dass der Gedankengang, so wie er traditionell verstanden und übersetzt wird, ungleichmäßig und asymmetrisch ist. Denn es würden von den vier Personengruppen (alte Männer, alte Frauen, junge Frauen, junge Männer) nur drei von Titus direkt angeredet werden. Die jungen Frauen dagegen wären heruntergestuft zu einer Untergruppe – sie würden indirekt, nämlich von den alten Frauen angesprochen. Solch ein gedanklicher Faden ist ziemlich unwahrscheinlich, wenn der „Personenbestand" des Textes eigentlich symmetrisch angelegt ist. Noch unwahrscheinlicher ist das, wenn man bedenkt, dass Paulus in seinen Pastoralbriefen sonst schon einmal die vierfache Symmetrie derselben Personengruppen sehr gleichmäßig betont und anordnet (vgl. 1Tim 5,1+2)!

Wenn wir nun noch c) den fraglichen Satz aus Titus 2 äußerst wörtlich übersetzen, so ergibt sich folgender Text:

> *Du aber lehre, was angemessen ist der gesunden Lehre: […] die alten Frauen ebenso [, dass sie] im Verhalten der Heiligkeit angemessen [seien], nicht verleumderisch, nicht vielem Wein unterworfen, Gutes lehrend, damit sie besonnen machen; die jungen Frauen, dass sie ihren Männern gegenüber liebevoll seien, ihren Kindern gegenüber liebevoll, besonnen, ehrbar, häuslich, gütig, sich unterordnend ihren eigenen Männern, damit über das Wort Gottes nicht gelästert wird; […].*

Dieser Text enthält bestimmte innere Gliederungsmerkmale. Das heißt: die Gliederung wird zwar nicht optisch angezeigt (durch eingerückte Absätze o. Ä.), ist aber durch öfter wiederkehrende

Wörter oder Wortgruppen deutlich gemacht. In unserem Fall sind die Signalwörter zum einen die Angabe der verschiedenen Personengruppen, die von Titus belehrt werden sollen (Alte, Junge, Männer, Frauen), zum anderen ist es das Wort „ebenso“, das die zweite Gruppe mit der ersten verbindet und die vierte mit der dritten.

Versuchen wir den Text anhand der inneren Gliederungsmerkmale nun auch optisch zu gliedern, so müsste er folgendermaßen aussehen:

Du aber lehre, was angemessen ist der gesunden Lehre:

- *die alten Männer,*
  dass sie nüchtern seien, achtbar, besonnen, gesund im Glauben, in der Liebe, in der Geduld;
- *die alten Frauen* ***ebenso***
  im Verhalten der Heiligkeit angemessen, nicht verleumderisch, nicht vielem Wein unterworfen, Gutes lehrend, damit sie besonnen machen;
- *die jungen Frauen,*
  dass sie ihren Männern gegenüber liebevoll seien, ihren Kindern gegenüber liebevoll, besonnen, ehrbar, häuslich, gütig, sich unterordnend ihren eigenen Männern, damit über das Wort Gottes nicht gelästert wird;
- *die jungen Männer* ***ebenso*** *ermahne,*
  dass sie besonnen seien –

in jeder Hinsicht dich selbst bereitstellend als Vorbild guter Werke …

Was ist hier nun inhaltlich anders? Der Nebensatz, der den alten Frauen gilt, endet mit „damit sie besonnen machen“. An dieser Stelle beginnt – ganz symmetrisch – ein neuer Nebensatz (in der Übersetzung oben durch Semikolon abgetrennt). Nach den alten Frauen soll Titus auch die jungen Frauen belehren, nämlich dass sie häuslich sind etc. Damit bleiben die jungen Frauen nach wie vor beschränkt auf die Rolle als Familienfrau. Die alten Frauen jedoch haben keine Angabe darüber bekommen, wen sie belehren sollen. Die jungen Frauen sind es nicht, denn sie werden ja hier – in einem neu ansetzenden Nebensatz – von Titus direkt angeredet.

Alles entscheidet sich also daran, wo ein neuer Nebensatz beginnt und worauf er sich bezieht. Der springende Punkt ist in diesem Fall ein Semikolon, das die jungen Frauen von den alten abtrennt und mit dem übergeordneten Satz an Titus verbindet.

Kann aber der vorhergehende Satz an die alten Frauen so enden, wie er dann endet: „... damit sie besonnen machen?“ Muss nicht zwangsläufig noch gesagt werden, *wen* sie denn besonnen machen sollen? Hängt das letzte Wort dieses Nebensatzes nicht sehr in der Luft? Das tut es zwar, und man muss aus dem Zusammenhang in Gedanken ergänzen, wer besonnen gemacht werden soll. Aber ein Vergleich mit antiken Texten (auch solchen, die dem Neuen Testament zeitlich nahe stehen) zeigt: Das fragliche Wort „zur Besinnung bringen“ konnte durchaus so verwendet werden, dass eine direkte Angabe fehlt, wen man zur Besinnung brachte. Eine ungewöhnliche und seltene, aber zweifelsfrei nachweisbare Verwendung dieses Wortes![43]

Wenn wir also den „Schülerkreis“ der alten Frauen sinngemäß ergänzen müssen und die jungen Frauen ausfallen, dann bleibt – einfach die Gemeinde übrig. In ihr hatten die alten Frauen also nicht nur die Möglichkeit oder das Recht zu lehren, sondern waren ausdrücklich dazu aufgefordert. Der Inhalt ihrer Lehre – „Gutes“ – ist exakt deckungsgleich mit der generellen Berufung der Gemeinde Jesu, wie sie der Titusbrief wenig später beschreibt (vgl. Tit 2,15; Ende des Verses).

Wie gesagt: Diese Auslegung ist in keiner Bibelübersetzung zu finden und hat sich in der wissenschaftlichen Exegese noch nicht besonders herumgesprochen. Doch gerade die wissenschaftlichen Regeln der Textauslegung sind es, die diese Auffassung als die wahrscheinlichste und beste hinstellen müssen.

Daraus ergibt sich ein dreifacher Treppenwitz der Auslegungsgeschichte:

1. Es sind just die Pastoralbriefe, die einen Lehrauftrag an Frauen enthalten – die Pastoralbriefe, die weithin als besonders

frauenfeindlich und restriktiv eingeschätzt werden. Diese Einschätzung ist nicht ohne jeden Grund, aber unsere Stelle Titus 2,3+4 wirft doch beträchtliches Gewicht auch auf die andere Waagschale.

2. Es waren ausgerechnet konservativ-evangelikale Bibelausleger aus dem pietistischen Feld, die die oben skizzierte alternative Auslegung entdeckt haben! Ein theologisches Umfeld also, das sich teilweise auch heute noch mit einem Lehrdienst von Frauen schwer tut. Doch die betreffenden Ausleger waren immerhin so bibeltreu, dass sie eine Auslegung zutage gefördert haben, die nicht nur sämtlichen traditionellen Bibelübersetzungen, sondern wohl auch ihrer eigenen frömmigkeitsgeschichtlichen Prägung widersprach. Alle Achtung!

Zu nennen ist als jüngstes Beispiel Hans Bürki:

> *Das Objekt ihrer [= der alten Frauen] Unterweisung wird nicht genannt! [...] Die Lehrtätigkeit der alten Frauen ist allgemein gefasst und nicht etwa auf die Unterweisung junger Frauen beschränkt.*[44]

Ein Vorgänger dieses Theologen ist Wohlenberg, der sinngemäß schreibt (das wörtliche Zitat wäre theologengemäß unverständlich): ‚Die Personengruppe, die von den alten Frauen belehrt werden soll, kann man ganz leicht ergänzen: Es sind alle, die im Bereich der alten Frauen leben und ohne Verletzung von Sitte und Anstand es nötig haben, belehrt zu werden.' – Ein durchaus weiter Personenkreis! – Wohlenberg weiter (sinngemäß): ‚Man hat freilich gemeint, es zeige sich eine besondere Weisheit des Apostels Paulus, wenn er möchte, dass alte Frauen die jungen unterweisen und dass Titus das nicht direkt tut. Die seelsorgliche Ermahnung scheint doch so sensibel zu sein, dass ein junger Mann (Titus) sich nicht zu unmittelbar an Frauen wenden solle. Aber Paulus sagt gerade dem jungen Mann Timotheus sehr wohl, dass er nicht nur alte, sondern auch junge Frauen direkt ermahnen soll (1Tim 5,2).'[45] Für diese Auslegung Wohlenbergs gibt es übrigens noch zwei Vorläufer.[46]

Meine Hochachtung gilt übrigens nicht nur diesen Theologen, die unvoreingenommen Bibel auslegen, sondern auch den Leserinnen und Lesern, die diese verwickelten Gedankengänge bis hierher mitgegangen sind!

3. Der letzte Treppenwitz ist, dass feministische Theologinnen bisher zwar viel von dem neu aufgedeckt haben, was Frauen im NT an Verantwortung trugen. Aber der Lehrdienst der alten Frauen wurde seitens der feministischen Bibelauslegung – soweit ich sehe – noch nicht gefunden. Vielmehr gilt die Stelle Titus 2,3+4 als Markenzeichen einer frauenfeindlichen Paulus-Theologie. Das Zitat von Ute Eisen ist typisch:

> *Die alten Frauen […] werden beauftragt, lehrhaft im Guten […] zu sein und die jungen Frauen gemäß den traditionellen Tugenden zu unterweisen (Tit 2,3-5).*[47]

Ingeborg Kruse stellt fest:

> *In Titus 2,3 werden die älteren Frauen aufgefordert, gute Lehrerinnen der jüngeren Frauen zu sein […].*[48]

Später legt sie einer damaligen Frau die Kritik der heutigen Frauen an einer solchen Weisung des Apostels in den Mund:

> *Wir wundern uns über deine Anordnungen, die du [Paulus] ja nicht nur an unsere Gemeinden geschrieben hast. Vielleicht ist es dir entfallen, an wen du ähnliche Forderungen gerichtet hast, darum möchten wir dich daran erinnern. […] An die Gemeinde auf Kreta schriebst du: „Ebenso seien die älteren Frauen würdevoll […]; sie müssen fähig sein, das Gute zu lehren, damit sie die jungen Frauen dazu anhalten können, ihre Männer und Kinder zu lieben, besonnen zu sein, ehrbar, häuslich, gütig und ihren Männern gehorsam, damit das Wort Gottes nicht in Verruf kommt" (Tit 2,3ff.).*[49]

Ohne Häme: Dass Paulus im Titusbrief viel weniger frauenfeindlich ist als bisher angenommen, wurde auch von Feministinnen noch nicht gesehen.[50]

Was also blieb einer engagierten alten Christin aus dem Gemeinschaftsverband Ephesus-Kreta, wenn die Enkel aus dem Haus waren? Sie durfte nicht bloß, sondern sie sollte Mitchristen belehren und ihnen so helfen, ihre Berufung als Gemeinde Jesu zu leben. Alte Kreterinnen, auch wenn sie keine Witwen waren, gehörten nicht aufs Abstellgleis. Es gab eine Aufgabe für sie – vielleicht nicht so geheimnisvoll wie die der betenden „Powerfrauen", der Witwen, aber auch nicht so verborgen, sondern öffentlichkeitswirksam.

Wir sehen heute klarer, dass geistliche Begabungen durchaus schon vor und während des familiären Engagements eingesetzt werden dürfen. Andere Frauen aus dem Neuen Testament haben ja gezeigt, dass Mündigkeit, Verantwortung, Engagement und der Einsatz von Gaben nicht erst im Alter zum Zuge kommen. Doch selbst in einem Milieu, das sich im Blick auf die häusliche Rolle von Frauen konservativ gab, war der Lehrdienst von Frauen nicht wegzudenken.

Wie aber bekommen wir frische Perspektiven von engagierten und mündigen Christinnen? Dieses Buch hat, so hoffe ich, bis hierher gezeigt: Nicht indem die biblischen Weisungen als rückständig über Bord geworfen werden. Sondern indem man die Bibel direkt und unvoreingenommen liest – an der kirchlichen und theologischen Tradition vorbei und manchmal sogar an den gängigen Bibelübersetzungen vorbei. Eine solche Leidenschaft für das, was Gottes Wort sagen will, auch wenn es lang gewachsene Traditionen aus den Bahnen kippt, ist im besten Sinne „bibeltreu". Sichtbar werden dabei Frauen, die sich ihrer Beziehung zu Jesus und ihrer Begabung bewusst sind und so in versöhntem Miteinander Jesus nachfolgen und für Gottes Reich leben.

Anhang I:

Gleichwertig oder auch gleichartig?

In christlichen Büchern über die Rolle der Frau liest man häufig, beide Geschlechter seien vor Gott gleichwertig. Ihr Rollenverhalten dagegen sei keineswegs gleichartig, vielmehr habe Gott jedem Geschlecht bestimmte Verhaltensweisen zugeordnet. Diese These wird manchmal auch naturwissenschaftlich zu begründen versucht. Die Beobachtungen an der Schöpfung sollen dann die biblischen Weisungen untermauern. An dieser Stelle interessieren nicht so sehr die naturwissenschaftlichen Wahrnehmungen. Ohnehin ist es ja höchst zweifelhaft, dass man aus körperlichen Gegebenheiten das ethische Verhalten ableiten oder zusätzlich begründen kann. (Z. B. würde niemand behaupten: Weil Männer biologisch zur Zeugung zahlreicher Kinder mit zahlreichen verschiedenen Partnerinnen in der Lage sind, sei dieses Verhalten auch von Gott gewollt. Vielmehr sind männliche Christen gehalten, ihre körperlich gegebenen Möglichkeiten durch ethische Entscheidungen zu gestalten und so auch zu begrenzen.)

In diesem Kapitel sollen nun die biblischen Weisungen des Neuen Testaments unter die Lupe genommen werden. Fordert Gott von Männern und Frauen ein jeweils verschiedenes Rollenverhalten? Gibt es etwas, das speziell Männer oder speziell Frauen tun oder lassen sollten?

Vielfach wird es so gesehen. Die Christinnen sollen sich den Ehemännern unterordnen, während die Christen ihre Ehefrauen dafür lieben sollen – so eine verkürzte Zusammenfassung von Eph 5,22-33. Ein schärferer Blick in die verschiedenen Texte aber zeigt: Im Wesentlichen wird von Frauen und Männern das gleiche Verhalten erwartet. Die Geschlechter sind vor Gott also nicht nur gleichwertig, sondern in der gebotenen Lebensweise auch gleichartig. An einzelnen Verhaltensweisen können wir uns das klarmachen:

Unterordnung: Sie ist das „klassische“ Gebot an Ehefrauen (Eph 5,22; Kol 3,18; Tit 2,5; 1Kor 14,34;[51] 1Petr 3,1.5.6). In 1Petr 3 allerdings ist keine allgemeine Weisung, sondern ein ethischer Spezialfall angesprochen (vgl. Kapitel 5). Im Epheserbrief nun ist die gesamte Weisung an Eheleute eingeleitet durch den generellen Grundsatz, man solle sich gegenseitig einander unterordnen (5,21). Schon hier ist also Unterordnung als speziell weibliche Verhaltensweise überwunden.

Hingabe: Anders als in zahlreichen Charakterisierungen des weiblichen Wesens ist Hingabe im Neuen Testament ein von (Ehe-) Männern gefordertes Verhalten. Eph 5,25 stellt den Männern Christus als Beispiel vor Augen, der sich hingegeben hat. Auch diese Weisung wird andernorts aber von der Beschränkung auf nur ein Geschlecht gelöst und auf beide, Männer und Frauen, angewendet. 1Kor 7,1-7 benutzt zwar das Wort „Hingabe“ nicht, spricht aber jeweils dem einen Partner das sexuelle Verfügungsrecht über den anderen zu, und zwar ganz symmetrisch erst dem Mann und dann der Frau.

Im Übrigen kann man abwägen, ob mit Unterordnung einerseits und Hingabe andererseits wirklich verschiedene Dinge gemeint sind. Ordnet der sich hingebende Mann sich nicht seiner Frau zugleich unter? Gibt die Frau, die sich unterordnet, sich nicht zugleich ihrem Mann hin? Damit wäre umso deutlicher, wie gleichartig und symmetrisch die Bibel die Geschlechter behandelt.

Liebe: Liebe ist keineswegs bloß die dankbare Antwort der Ehemänner auf die Unterordnung ihrer Frauen (Eph 5,25.33; Kol 3,19). Sondern wie den Männern ist Liebe auch den Frauen geboten (Tit 2,4). Dass im NT Liebe das Grundgebot an alle ist, auch über den Bereich der Ehe hinaus, ist offenkundig.

Demütig/sanftmütig sein: Im Griechischen klingt bei „Demut“ die Vorstellung von Niedrigkeit mit. „Sanftmut“ wird den Frauen geboten (1Petr 3,4); mit dem gleichen Wort wird aber auch die Frucht des Geistes beschrieben, die selbstverständlich in Frauen wie in Männern wachsen will (Gal 5,23). Ebenso gebietet Kol 3,12 ausdrücklich allen die Sanftmut. Die im gleichen Vers genannte Demut ist ebenso allen aufgetragen. 1Petr 3,8 fasst u.a. mit diesem

Wort die Weisung an beide Geschlechter zusammen (vgl. auch noch Phil 2,3). Eine spezielle Mahnung zur Demut an Frauen gibt es dagegen (anders als bei der Sanftmut) nicht.

Ehren: In der bekannten Stelle Eph 5,33 wird mit „ehren" das Verhalten der Frau zusammengefasst, während die Männer lieben sollen. Dieser einen Stelle stehen aber zwei andere gegenüber, wo „ehren" gerade nicht von den Frauen, sondern von den Männern im Blick auf ihre Frau erwartet wird (1Petr 3,7; 1Thess 4,3). Wie gleichartig sich die Geschlechter hier verhalten sollen, unterstreichen Stellen wie 1Petr 2,17; Röm 12,10. In 1Petr 3,2 wird zwar die Ehrfurcht den Frauen zugeordnet, aber es ist durchaus offen, ob sie sich auf die Männer oder auf Gott bezieht (Luther z.B. übersetzt mit „Gottesfurcht").

Besonnenheit: „Vernünftig" sollen die Männer mit ihren Frauen zusammenleben (1Petr 3,7; Einheitsübersetzung: „rücksichtsvoll"). Ein solches überlegtes Verhalten aber schreibt der Titusbrief ausdrücklich beiden Geschlechtern zu, Männern (Tit 2,2.6) wie Frauen (2,5). Auch hier also Gleichartigkeit.

Nüchternheit: Dass diese Eigenschaft in Weisungen an Männer und Frauen besonders hervorgehoben wird, mag überraschen. Aber die Antike kennt durchaus das Klischee von der betrunkenen Alten. Dementsprechend sollen Frauen nach dem Neuen Testament keine Trinkerinnen sein (Tit 3,3) – ebenso müssen aber auch die Männer nüchtern sein (2,2), wie denn generell allen vom Alkoholrausch dringend abgeraten wird (Eph 5,8).

Die Durchsicht ergibt: Man muss sich schon sehr bemühen, wenn man speziell weibliche oder speziell männliche Verhaltensweisen aus den Geboten des Neuen Testaments ableiten will. Einzig die Unterordnung ist nur den Frauen speziell geboten und nicht auch extra den Männern – wohl aber, und das an hervorgehobener Stelle, beiden gemeinsam. Die übrigen Weisungen lassen eine deutliche Symmetrie erkennen. Man muss also kein bibelkritischer Feminist sein, um zu sagen: Frau und Mann sind im Lichte des Neuen Testaments nicht nur gleichwertig, sondern in ihrem Verhalten weithin auch gleichartig zu sehen.

Zum Nachschlagen hier noch einmal die Stellen in einer Übersicht:

für Männer	**für Frauen**	**für alle**
Eph 5,25ff.: *lieben,* sich *hingeben*, nähren und pflegen ganz auf die Frau bezogen sein	Eph 5,22: *unterordnen,* ganz auf den Mann bezogen sein 5,33: *ehren* (Ehrfurcht haben)	Eph 5,21: *einander unterordnen*
Kol 3,19: *lieben,* nicht aufgebracht sein	Kol 3,18: *unterordnen*	Kol 3,12-14: Erbarmen, Güte, *Demut, Sanftmut,* Geduld. Einander ertragen und vergeben. Einander *lieben.*
1Petr 3,7 Mit *Einsicht/* Verständnis zusammenwohnen. *Ehre* erweisen.	1Petr 3,1-6: *unterordnen; ehrfürchtig* (Gott oder dem Mann gegenüber?) und rein; sanftes und ruhiges Wesen. Sara: *gehorchen,* den Mann ‚Herrn' nennen. Sich vor keiner Einschüchterung fürchten.	1Petr 3,8: einmütig, mitfühlend, geschwisterlich liebend, barmherzig, demütig.
1Thess 4,3: seine eigene Frau „zu gewinnen suchen" in Heiligkeit und Ehre		
Tit 2: *Alte Männer: nüchtern,* achtbar, *besonnen;* gesund in Glauben, *Liebe,* Geduld. *Junge Männer:* in jeder Hinsicht *besonnen* sein.	*Tit 2: Alte Frauen:* für Heilige angemessenes Verhalten; nicht verleumden, *keine Alkoholikerinnen;* Lehrerinnen des Guten, um besonnen zu machen.	1Thess 1,3; 1Kor 13: Glaube, *Liebe,* Geduld bzw. Hoffnung als Eigenschaften aller. Eph 5,18: *kein Alkoholrausch!*

für Männer	**für Frauen**	**für alle**
	Junge Frauen: ihre Männer *lieben,* ihre Kinder lieben, *besonnen,* ehrbar, häuslich, gütig, sich ihren Männern unterordnen.	
		1Petr 2,17: alle *ehren.*
		1Kor 7,3f.: Thema Sex: Der Mann erfülle seine Pflicht gegenüber der Frau und die Frau die ihre gegenüber dem Mann. Die Frau verfügt über den Körper des Mannes und der Mann über den Körper der Frau.
		Phil 2,3f.: in *Demut* einer den anderen höher schätzen als sich selbst. Nicht auf das eigene Wohl, sondern auf das des anderen achten.
		Röm 12,9ff.: Gegenseitige *Liebe* und Geschwisterliebe; sich gegenseitig *ehren,* eines Sinnes sein, sich den *Geringen* anschließen.

Anhang II

Inwiefern sollen die Frauen in der Gemeinde „schweigen"?

Zu Beginn dieses kleinen Kapitels wieder ein Experiment zum Mitmachen:

Angenommen, Sie sind Leiterin oder Leiter eines überregionalen Gemeindeverbandes. Angenommen, Sie möchten Ihren Gemeinden dringend ans Herz legen, dass Frauen in den Gottesdiensten nicht predigen oder lehren sollen. Sie möchten es so überzeugend wie möglich, aber auch so knapp es geht schreiben.

Dafür folgt gleich ein Textvorschlag, den Sie nur noch ergänzen müssen. Dabei konzentrieren Sie sich bitte auf Ihre Aussageabsicht und auf die Logik des Gedankengangs. Wenn Ihnen entsprechende biblische Formulierungen durch den Kopf gehen, so versuchen Sie, sich davon nicht beeinflussen zu lassen. Blättern Sie auch nicht in Ihrer Bibel nach. Beachten Sie einzig Ihr Ziel: Was möchten Sie über die Frauen in den Gemeinden sagen? Welche Worte müssen Sie dazu wählen?

Und nun der zu ergänzende Textvorschlag:

Wie in allen Versammlungen der Heiligen sollen die Frauen in der Versammlung schweigen. Es ist ihnen nämlich nicht gestattet zu ____________________, sondern sie sollen sich unterordnen, wie es auch das Gesetz sagt. Wenn sie aber ____________________ wollen, sollen sie zu Hause ihre eigenen Männer ____________________, denn es ist ungehörig für eine Frau, in der Gemeinde zu ____________________. Oder ist Gottes Wort von euch ausgegangen? Oder zu euch allein gelangt?

„Das Weib schweige in der Gemeinde“ ist einer der bekanntesten Sätze des Neuen Testaments über Frauen in der Gemeinde. (Doch wie es mit diesen allzu bekannten Sätzen oft geht: Sie werden häufig falsch zitiert. „Das Weib schweige“ steht so nicht in der Bibel. Es geht nicht um „das Weib“ [an sich oder seinem Wesen nach], sondern einfach um „die Frauen“ als Gruppe in Korinth.)

Wie aber ist diese Weisung aus 1Kor 14,34 zu verstehen, wenn wir in diesem Buch so viele Frauen kennen gelernt haben, die gerade nicht geschwiegen haben, auch nicht in der Gemeinde, auch nicht im Gottesdienst? Diese Frauen waren ja z.T. mit Paulus verbunden, der diesen Satz schrieb. Widerspricht Paulus sich?

Dass diese Anweisung auch innerhalb des 1. Korintherbriefes nicht absolut zu verstehen ist, wird klar, wenn man die Vorschriften für Prophetinnen und Propheten vergleicht. In 1Kor 11,5 werden ausdrücklich Frauen genannt, die im Gottesdienst prophetisch reden, und das unterbindet Paulus keineswegs. Umso rätselhafter, dass er nun scheinbar das Schweigen anordnet!

Wer sich mit wissenschaftlicher Bibelauslegung beschäftigt, stößt zuweilen auf folgenden Hinweis: Die betreffenden Verse 1Kor 14,34.35 („*Wie in allen Gemeinden sollen auch bei euch die Frauen in den Gottesdiensten schweigen und dort nicht das Wort ergreifen. Stattdessen sollen sie sich unterordnen, wie es schon das Gesetz vorschreibt. Wenn sie etwas nicht verstehen, können sie zu Hause ihren Mann fragen. Denn es gehört sich nicht, dass Frauen in der Gemeinde das Wort führen.*“) stehen in vielen wichtigen Handschriften des Neuen Testaments gar nicht an dieser Stelle, sondern sind nach V. 40 eingefügt. Der Gedankengang V. 33 -> V. 36 ergibt dann auch ohne V. 34.35 einen guten Sinn, wenn man den ganzen Vers 33 als einen einzigen Satz auffasst und mit einem Punkt enden lässt (was im Griechischen gut möglich ist). Daraus folgern viele Wissenschaftler: Die Verse 34.35 gehörten gar nicht zum originalen Paulusbrief, sondern sind nachträglich an den Rand geschrieben worden. Spätere Abschreiber wussten nicht genau, an welche Stelle sie gehören sollten, und so fügten manche sie nach V. 33 und manche nach V. 40 ein.

Wie ist diese Auffassung zu beurteilen? Der Befund ist nicht zu leugnen: Die handschriftliche Überlieferung dieser Verse schwankt.

So etwas kommt im Neuen Testament manchmal vor und hat dann auch immer einen Grund. Wenn Abschreiber Textblöcke verschoben oder sonst wie bearbeiteten, deutet das immer auf eine Unsicherheit oder eine Verstehensschwierigkeit hin. Ohne einen bestimmten Anlass wäre die schwankende Textüberlieferung nicht zu erklären. Gut möglich also, dass es ursprüngliche Manuskripte gab, in der die fraglichen Verse nicht eindeutig in den laufenden Text eingebettet waren.

Andererseits kennen wir keine einzige Handschrift, in der diese Verse nicht stehen. Es ist also – auch wissenschaftlich – nicht zu belegen, dass sie in irgendeinem frühen Stadium gefehlt haben. Jede Erklärung muss also davon ausgehen, dass diese Verse zum Originaltext gehörten.

Und was in der wissenschaftlichen Exegese oft übersehen wird (und das ist der Grund, weshalb ich auf diese Frage überhaupt eingehe): Selbst wenn diese Verse nachträglich an den Rand hinzugefügt worden sind, steht noch längst nicht fest, wer das getan hat. Es kann ja durchaus auch Paulus selbst gewesen sein, der nach dem Diktieren des Briefes diesen Gedanken ergänzt hat, der ihm dann besonders wichtig war. Fazit: Vom Überlieferungsweg der Handschriften her können wir nicht sagen, dass diese Verse etwa der ursprüngliche Absicht des Briefschreibers Paulus nicht entsprächen.

Eine Erklärung muss von dem Text ausgehen, wie er in unseren Bibeln überliefert ist. Wir müssen nach der Logik des Gedankengangs fragen:

(a) Welches Verhalten wollte Paulus in den Gemeinden abstellen?
(b) Welches Verhalten empfiehlt er stattdessen?

Diese beiden Elemente müssen sich entsprechen, wenn der Gedankengang logisch sein soll: Wenn (a) durch (b) ersetzt werden soll, muss (b) auch wirklich an die Stelle von (a) passen. Und nun kommen wir auf das Experiment vom Beginn des Kapitels zurück. Wenn Paulus das *Lehren* oder *Predigen* verbieten wollte (a), dann müsste er in seiner weiterführenden Anweisung (b) ja vom *Lehren* oder *Predigen* sprechen und hierfür den richtigen Rahmen anbieten. Der Text müsste also lauten:

> *(a) Wie in allen Versammlungen der Heiligen sollen die Frauen in der Versammlung schweigen. Es ist ihnen nämlich nicht gestattet zu* ***lehren / predigen / reden****, sondern sie sollen sich unterordnen, wie es auch das Gesetz sagt. (b) Wenn sie aber* ***lehren*** *wollen, sollen sie zu Hause ihre eigenen Männer* ***lehren****, denn es ist ungehörig für eine Frau, in der Gemeinde zu* ***lehren****. Oder ist Gottes Wort von euch ausgegangen? Oder zu euch allein gelangt?*

Wenn Paulus das Lehren oder Predigen im Gottesdienst unterbinden wollte und stattdessen die Begegnung mit den Ehemännern zu Hause als passenden Rahmen dafür vorschlagen wollte, dann hätte er den Frauen empfehlen müssen, zu Hause ihre Männer zu belehren oder ihnen zu predigen.

Der echte Paulustext spricht aber nicht vom Lehren zu Hause, sondern vom Fragen. Für dieses Verhalten ordnet er also (in Aussage-Element [b]) den richtigen Rahmen an. Dann kann aber auch das Problem (in Aussage-Element [a]) nichts anderes als das wissbegierige Fragen gewesen sein!

> *(a) Wie in allen Versammlungen der Heiligen sollen die Frauen in der Versammlung schweigen. Es ist ihnen nämlich nicht gestattet zu* ***reden****, sondern sie sollen sich unterordnen, wie es auch das Gesetz sagt. (b) Wenn sie aber* ***etwas lernen*** *wollen, sollen sie zu Hause ihre eigenen Männer* ***fragen****, denn es ist ungehörig für eine Frau, in der Gemeinde zu* ***reden****. Oder ist Gottes Wort von euch ausgegangen? Oder zu euch allein gelangt?*

Dies ist der richtige Bibeltext!

Fazit: Die Wortwahl in 1Kor 14,35 („etwas lernen"; „fragen") und die Logik des Gedankengangs machen es zwingend, dass mit dem „Reden" der Frauen in 1Kor 14,34f. das Dazwischenfragen gemeint ist. Paulus möchte unterbinden, dass Frauen in den Gottesdienst hineinquatschen, wenn sie etwas nicht begriffen haben.

Auch diese Auffassung ist nicht besonders schmeichelhaft für Frauen. Wieso sollen gerade sie etwas nicht verstanden haben, die Männer aber alles kapieren? Was ist, wenn der Mann zu Hause auch nicht weiter weiß? Wenn man diese Sätze jedoch auf ihrem geschichtlichen Hintergrund versteht, so leuchtet ein, dass die Bildungschancen der Frauen damals nicht überall gleich hoch waren wie die der Männer. Entscheidend ist: Eine Beteiligung an der *Wortverkündigung* wird hier nicht unterbunden. Damit stehen die fraglichen Verse im Einklang mit 1Kor 11,5 und auch damit, was die in diesem Buch porträtierten Frauen taten. Ob die Begriffsstutzigkeit der Frauen nun schmeichelhaft ist oder nicht: Diese Auffassung ist die einzige, die der gedanklichen Logik des Wortes Gottes entspricht.

Anhang III

Anmerkungen zum Schweigegebot in 1Tim 2

Das einzige *eindeutige* Lehr-Verbot für Frauen im Neuen Testament findet sich im 1. Timotheusbrief. (In 1Kor 14,34 wird ja nicht das Lehren verboten, wie Anhang II zu zeigen versucht hat.) Was ist mit dieser Stelle gemeint? Wer soll nicht lehren oder was soll nicht gelehrt werden?

Übersetzt lautet der Gedankengang so (Revidierte Elberfelder Übersetzung):

> 11 *Eine Frau lerne in der Stille in aller Unterordnung.*
> 12 *Ich erlaube aber einer Frau nicht, zu lehren, noch über den Mann zu herrschen, sondern [ich will], dass sie sich in der Stille halte,* 13 *denn Adam wurde zuerst gebildet, danach Eva;* 14 *und Adam wurde nicht betrogen, die Frau aber wurde betrogen und fiel in Übertretung.* 15 *Sie wird aber durch das Kindergebären gerettet werden, wenn sie bleiben in Glauben und Liebe und Heiligkeit mit Sittsamkeit.*

V. 12a bestimmt Denken und Praxis vieler Gemeinden und Gemeinschaften. Wie immer ist es aber auch hier gut, nicht einige Worte ohne Nachzudenken herauszulösen, sondern die ganze Gedankenführung wahrzunehmen. Diese Gedankenführung wirft Fragen auf – und zwar nicht Fragen, die aus dem Abstand der heutigen Kultur heraus kommen, sondern solche Fragen, die sich aus dem gesamtbiblischen Zusammenhang ergeben:

- Wie kann eine Frau durch ein Werk gerettet werden – angesichts der Rechtfertigungslehre von Paulus im Römerbrief (vgl. S. 77)?
- Was ist mit unfruchtbaren und alleinstehenden Frauen?
- Wird eine Frau gerettet, wenn sie Kinder zur Welt bringt, die aber dann *nicht* „bleiben in Glauben und Liebe und Heiligkeit mit Sitt-

samkeit"? (Die Personen in V. 15b, die in Glauben etc. bleiben sollen, sind die Kinder – nicht die Frauen, denn die Frau wird im Text stets in der Einzahl erwähnt, die Menschen, die gläubig, liebevoll, heilig bleiben sollen, aber in der Mehrzahl. Dieser Wechsel dürfte wohl einen Wechsel des Personenkreises signalisieren.)

- Wenn Adam eher als Eva geschaffen wurde – stimmt die Schlussfolgerung des Paulus überein mit der Sinnrichtung des hebräischen / atl. Berichtes? (In 1Mose 2 war der zuerst geschaffene Adam nicht der Eva *überlegen*, sondern ohne Eva *unvollständig* und also *ergänzungsbedürftig* – darauf zielt die Schöpfungsgeschichte! Zwar setzt Paulus den Akzent anders. Das nehmen wir mit Respekt vor Gottes Wort zur Kenntnis. Aber uns ist auch 1Mose 1-3 als Gottes Wort gegeben, und wir sind ermächtigt, diese Kapitel unmittelbar zu lesen und nicht nur durch die Brille des 1. Timotheusbriefs. Wo sich Spannungen ergeben, sollten wir zumindest nicht die alttestamentliche Stelle ganz zugunsten der neutestamentlichen ausblenden.)
- Wenn nicht Adam, sondern Eva „betrogen" wurde – stimmt auch diese Deutung überein mit der Sinnrichtung der biblischen Erzählung? (In 1Mose 3,9 spricht Gott immerhin zuerst Adam auf seine Verantwortlichkeit an.)
- Kann man dieselbe ethische Leitlinie ableiten aus Gottes Schöpferwillen und aus dem Sündenfall? (Dass der Mann herrschen soll, ist nicht Ursprungsidee Gottes, sondern Folge der Rebellion gegen Gott [1Mose 3,16]. Die Ursprungsidee war also eine andere.)
- Warum wird „lehren" in einem Atemzug genannt mit „herrschen" – wo Paulus selbst doch erklärtermaßen eine andere Auffassung hat, z. B. in 2Kor 1,24 (vgl. auch 1Petr 5,3)?
- Wie stimmt diese Weisung überein mit der für Paulus selbstverständlichen Praxis, dass auch Frauen verkündigen, auch als Diakoninnen – auch in den Pastoralbriefen?

Diese gewichtigen und biblischen Rückfragen machen es schwer, die Weisung aus 1Tim 2 „einfach so" anzuwenden, als würde sie sich glatt von selbst verstehen. Gerade wer die Bibel ernst nehmen will, muss – aus „Bibeltreue" – ins Stolpern kommen.

Nun ist es aber nicht die einzig mögliche Erklärung, Paulus habe beim Diktieren dieser Zeilen vergessen, was er früher schon mal geschrieben hat – oder der Sekretär von Paulus habe dessen Stichworte allzu frei und eigenständig ausformuliert. Das Ehepaar Clark Kroeger hat nach intensiven Textstudien andere Erklärungen aufgespürt, von denen jetzt kurz zu berichten ist *(Richard Clark Kroeger/ Catherine Clark Kroeger: Lehrverbot für Frauen? Was Paulus wirklich meinte – Eine Auseinandersetzung mit 1. Timotheus 2,11-15. Wuppertal 2004).*

Entscheidend sind drei Beobachtungen von Clark Kroeger:

(1) Das Wort für „herrschen" in 2,12 hat eine ziemliche Bedeutungsbreite. Grundbedeutung ist: „etwas beginnen", „veranlassen", „selbst für etwas verantwortlich sein" (insbesondere für einen Mord). Das Wort bezeichnet also die Handlung eines Täters. Dann kann es „dominieren" bzw. „die Macht an sich reißen" heißen – das ist diejenige Bedeutung, die in unseren Bibelübersetzungen verwendet wird. Schließlich ist aber auch noch der Sinn „sich selbst als Urheber" oder „als Quelle erklären" möglich (eine unbestrittene Wortbedeutung in vielen alten Wörterbüchern des antiken Griechisch). Von dieser dritten Möglichkeit gehen Clark Kroeger aus.

(2) Im griechischen Grundtext steht die Verneinung zweimal. Sie wird in unseren Bibeln auch zweimal übersetzt: Eine Frau soll *„nicht* lehren, *auch nicht* über den Mann herrschen". Die griechische Sprache kennt aber noch eine andere Bedeutung für doppelte Verneinung, nämlich dass die Verneinung durch Verdoppelung besonders betont wird („überhaupt nicht"). Zweimal „nein" sagen ersetzt sozusagen den Kursivdruck.

Nimmt man diese beiden Beobachtungen zusammen, so kann man auch folgendermaßen übersetzen:

> *Ich gestatte es einer Frau überhaupt nicht zu lehren, sie sei der Ursprung des Mannes.*

(3) Was bedeutet es in der Bibel, wenn sich jemand „still verhalten soll“, wie es Paulus für die Frauen in 1Tim 2,13 anordnet? Stille heißt nicht immer: schweigen und weiter nichts tun. Sondern still sein kann auch eine Hörbereitschaft meinen. Man soll sich belehren lassen und nicht aus den gegebenen Überlieferungen ausbrechen. So verstanden, wäre „stille sein“ die Voraussetzung für jeden christlichen Lehrer, ob Mann oder Frau. Zumindest männliche jüdische Lehrer – nämlich die Rabbinen – waren angehalten, stille zu sein. Clark Kroeger führen das folgendermaßen aus:

> *Auch vom rabbinischen Gelehrten wurde erwartet, dass er in aller Stille lernte. Nur so konnte man zur Erkenntnis Gottes gelangen. Dem Volk Israel wurde gesagt, sie sollten sich vor dem Herrn still verhalten (Jes 41,1; Hab 2,20); und der Psalmist fordert Israel auf: „Seid stille und erkennet, dass ich Gott bin“ (Ps 46,11 Luther). Die Stille galt als der Schutzwall der Weisheit. So fragte Rabbi Isaak: „Wonach soll ein Mann in dieser Welt streben? Er soll stille sein. Dies sollte wohl auch für seine Haltung gegenüber den Worten der Thora gelten.“ Stille war also die erste Pflicht des Lernenden. Der Ausdruck Stille und Unterordnung bezeichnete im Orient die Bereitschaft, Unterweisung zu achten und ihr Folge zu leisten. In unserem Falle geht es um die Unterweisung durch das Wort Gottes.*
>
> *Die griechisch sprechenden Juden, die an der griechischen Version der hebräischen Bibel (der Septuaginta) arbeiteten, sahen offenbar einen bemerkenswerten Zusammenhang zwischen „Stille“ und „Unterordnung.“ Im hebräischen Grundtext enthalten die Psalmen zwei Verse, in denen es darum geht, vor dem Herrn stille zu sein (Ps 37,7; Ps 62,2.6). In beiden Fällen geben die Übersetzer der Septuaginta den Ausdruck „stille sein“ im Griechischen mit „sich unterordnen“ wieder. Ursprünglich ist damit sicherlich in erster Linie eine Haltung von Aufmerksamkeit und Belehrbarkeit Gott gegenüber gemeint.*

Auf diesem Hintergrund kann der neue Übersetzungsvorschlag so weitergeführt werden:

> *12 Ich gestatte es einer Frau nicht zu lehren, noch von sich selbst zu behaupten, sie sei der Ursprung des Mannes; sie soll vielmehr [mit der Schrift] konform gehen [bzw. ihre Auffassung für sich behalten]. 13 Denn Adam wurde zuerst erschaffen und Eva danach.*

Jetzt ergibt die Anweisung von Paulus folgenden Sinn: Sie richtet sich nicht generell gegen den Umstand, dass Frauen lehren, sondern gegen den Inhalt, den (einige) Frauen offenbar lehrten: dass nämlich die Frau der Ursprung des Mannes sei. Das steht nicht in Einklang mit der biblischen Schöpfungserzählung, es ist eine Irrlehre und soll deshalb unterbleiben. Nötig ist für eine Frau, die lehrt, dass sie im Einklang mit der biblischen Schöpfungserzählung steht.

Welche Frau aber ist denn damals überhaupt auf die Idee gekommen, die Frau sei dem Mann generell vorausgegangen und der Mann stamme ursprünglich von der Frau ab? Wer sagt denn so etwas?

Es gab damals in der Tat religiöse Strömungen, die den Bibeltext von 1Mose 1-3 so verstehen wollten. Hier muss man in die schillernde Welt der „Gnosis" blicken. Schriften aus diesem Milieu nahmen den Namen „Eva" als Ausgangspunkt. Er bedeutet hebräisch: „lebend". Daraus wurde abgeleitet: Eva ist quasi Inbegriff des Lebens überhaupt. Man schrieb (in der „Hypostase der Archonten", Anfang 3. Jhdt.):

> *Und die geistige Frau kam zu ihm, redete mit ihm (und) sprach: „Steh auf, Adam!" Und als er sie sah, sagte er: „Du bist es, die mir das Leben gab. Du wirst die Mutter der Lebendigen genannt werden." Denn: „Sie ist meine Mutter. Sie ist die Ärztin und die Frau und die, die geboren hat."*

Hier haben wir exakt die Anschauung, die Frau sei der Ursprung des Mannes. Clark Kroeger führen etliche weitere antike Textbeispiele dafür auf.

Solche und ähnliche Gedanken drangen auf verschlungenen Pfaden auch in die frühe Kirche ein. Dabei entwickelte sich z.T. auch eine sehr negative Sicht von Sexualität – besonders der weiblichen. Einige befürworteten die Auflösung des Unterschieds der Geschlechter. So habe Jesus – nach dem 2. Klemensbrief (Mitte des 2. Jhdts., wobei zu dieser Zeit das Jesuszitat schon als Überlieferung vorlag) – angeblich gesagt, sein Reich komme dann,

> *wenn die Zwei Eines sein werden, und das Äußere wie das Innere, und das Männliche mit dem Weiblichen, weder männlich noch weiblich.* (2Klem 2,12)

Andere Schriften hielten es für besser, das weibliche Geschlecht würde sich dem männlichen angleichen. So im Thomasevangelium (2. Jhdt. – oder früher?). Es enthält viele Worte, die denen der biblischen Evangelien ganz ähnlich sind – allerdings dann auch dieses Wort:

> *Simon Petrus sprach zu ihnen: Maria soll von uns weggehen, denn Frauen sind des Lebens nicht wert. Jesus sprach: Siehe, ich werde sie ziehen, auf dass ich sie männlich mache, damit auch sie ein lebendiger, euch gleichender, männlicher Geist werde. … Jede Frau, die sich männlich macht, wird eingehen in das Königreich der Himmel.* (EvThom 114)

Wieder andere Konzepte lehnten Weiblichkeit ab, insofern sie mit dem Gebären zu tun hat. Im sogenannten Ägypterevangelium (erste Hälfte des 2. Jhdts.) ist zu lesen:

> *Jesus: Ich bin gekommen, die Werke des Weiblichen zu zerstören. – Salome: Wie lange wird der Tod herrschen? – Jesus: Solange ihr Frauen Kinder gebärt. – Salome: Dann habe ich gut daran getan, keine Kinder zur Welt zu bringen.*

Wohlgemerkt: Das sind alles Schriften, die sich irgendwie als christlich verstanden. Durchaus denkbar, dass sich Gemeinden dadurch beeinflussen ließen – einschließlich des Gedankens, christliche Frauen sollten am besten keine Kinder bekommen.

Diese Textbeispiele stammen aus späterer Zeit als das Neue Testament. Aber die Gedanken sind ja nicht aus heiterem Himmel entstanden, sondern hatten ihre geistige Vorgeschichte.

Wenn wir annehmen, die Frauen, an die Paulus im 1. Timotheusbrief dachte, seien in Berührung mit dieser Vorgeschichte gekommen, dann ergeben Paulus' Zeilen plötzlich einen scharfen Sinn: Frauen werden errettet und werden Anteil am Reich Gottes haben, und zwar nicht, indem sie auf Kinder verzichten, sondern auch wenn sie Kinder gebären.

Auf diesem Hintergrund können wir uns dem nähern, was Paulus vermutlich von christlichen Frauen erwartete: Die Frau soll „still", d.h. hör- und lernbereit sein. Sie soll keine quasi-gnostischen Falschlehren verbreiten, z. B. über das Verhältnis von Frau und Mann oder die Einstellung zum Menschen als geschlechtlichem Wesen. Die Zeilen aus 1Tim 2 haben demnach eine ganz bestimmte Situation als Anlass, sie sind keine generellen Weisungen für Christinnen überhaupt. Sie verbieten nicht das Lehren von Frauen, sondern die Irrlehre von Frauen.

Anmerkungen

1 Zitiert bei Ute E. Eisen, Amtsträgerinnen im frühen Christentum. Epigraphische und literarische Studien. Forschungen zur Kirchen- und Dogmengeschichte 61, Göttingen 1996, 51.

2 Siehe ebd. 51f.

3 Adolf Jülicher, Der Brief an die Römer. Die Schriften des Neuen Testaments II; Göttingen [2]1908, 324.

4 Siehe Peter Lampe, Die stadtrömischen Christen in den ersten beiden Jahrhunderten. Untersuchungen zur Sozialgeschichte. WUNT 2,18; Tübingen 1987, 161.

5 Ebd. 158f.

6 Hans Schaefer, Artikel „προστάτης" (prostátæs); in: Pauly / Wissowa, Realenzyklopädie der klassischen Altertumswissenschaften, Supplement Bd. IX, 1287-1304.

7 Klaus Thraede, Artikel „Frau", in: Reallexikon für Antike und Christentum Bd. 8, 212f.

8 Ebd. 214.

9 Für das antike Griechenland gilt: „Daß sich je nach Alter, Stand u. Vermögen der Ehe-F[rau] das Auftreten in der Öffentlichkeit staffelte, versteht sich von selbst." Entsprechendes lässt sich vom Römischen Reich sagen: „Daß die großen Freiheiten in Politik, Recht u. Lebensführung nur einer vermögenden oberen Minderheit vergönnt waren, während die F[rau] in Unter- und Mittelschichten schon aus wirtschaftlichen Gründen stärker an Haus u. konventionelle Moral gekettet blieb (aber auch das ändert sich im Laufe der Kaiserzeit), wird man nicht in Abrede stellen." (Thraede [vgl. Anm. 7], 200.218) Eine ausführliche Schilderung der verschiedenen Möglichkeiten der antiken, auch der jüdischen Frau findet sich dort 198-227.

10 Gerhard Barth, Der Brief an die Philipper. Zürcher Bibelkommentare NT9, Zürich 1979, 15f.

11 Adolf Jülicher, Der Brief an die Römer. Die Schriften des Neuen Testaments II; Göttingen [2]1908, 323.

12 In der Revidierten Elberfelder Übersetzung, die in diesem Kapitel zitiert wurde, steht das Wort „ihre“ wenigstens in eckigen Klammern. Im Zitat wurde „ihre“ durch „die“ ersetzt, um in den Text keine Vorentscheidung einzutragen.

13 Zitiert nach Peter Ketter: Christus und die Frauen. Frauenleben und Frauengestalten im Neuen Testament. I: Die Frauen in den Evangelien; Stuttgart [5]1950, 46.

14 Vgl. ebd.; es handelt sich um Rabbi ben Asai.

15 Vgl. Thraede (siehe Anm. 7), 226. Eine Untersuchung über Synagogenämter, die von Frauen ausgeübt wurden, hat Bernadette Brooten vorgelegt: Women Leaders in the Ancient Synagogue. Inscriptional Evidence and Background Issues; Atlanta (Georgia) 1982. Einige Ergebnisse finden sich bei Luise Schottroff, „Anführerinnen der Gläubigkeit“ oder „einige andächtige Weiber“? Frauengruppen als Trägerinnen jüdischer und christlicher Religion im ersten Jahrhundert n. Chr.; in: Dies., Befreiungserfahrungen. Studien zur Sozialgeschichte des Neuen Testaments. ThB 83, München 1990; 291-304. Siehe auch Bernadette J. Brooten: Jüdinnen zur Zeit Jesu. Ein Plädoyer für Differenzierung. In: Theologische Quartalsschrift 161 (1981), 281-285.

16 Marilyn B. Smith / Ingrid Kern (Hg.): Ohne Unterschied? Frauen und Männer im Dienst für Gott. Gießen 2000, 67.

17 Rudolf Schnackenburg, Freundschaft mit Jesus, Freiburg 1995, S. 62; leider ist das Buch vergriffen.

18 Diese Angabe gilt für den hellenistischen Bereich, also das Judentum außerhalb Palästinas. Vgl. Thraede (siehe Anm. 7), 226f.

19 Zitiert nach Luise Schottroff, „Anführerinnen der Gläubigkeit“ oder „einige andächtige Weiber“? (vgl. Anm. 15), 304.

20 Zitiert nach Rolf Rilinger (Hg.), Lust an der Geschichte: Leben im alten Rom. Ein Lesebuch. München [2]1991, 177.

21 Ebd. 176.

22 Vgl. Leonhard Goppelt, Der erste Petrusbrief. Kritisch-Exegetischer Kommentar über das Neue Testament, Göttingen 1978, 219.

23 Leonhard Goppelt, Die Theologie des Neuen Testaments, Göttingen ³1985, 500.
24 Ebd.
25 So z. B. François Bovon, Das Evangelium nach Lukas (Lk 1,1-9,50). Evangelisch-Katholischer Kommentar zum Neuen Testament 3/1; Zürich / Neukirchen-Vluyn 1989, zur Stelle Lk 8,1-3.
26 Helmut Gollwitzer, Die Freude Gottes. Einführung in das Lukasevangelium, Berlin ²1952, 87.
27 Johannes Leipoldt, Die Frau in der antiken Welt und im Urchristentum. Leipzig ²1955, 127.
28 Die grundlegende Bedeutung dieser Texte für das Gemeindeverständnis des Lukas wird herausgearbeitet in (der Eigenverweis möge erlaubt sein): Ulrich Wendel, Bibelarbeit über Apg 2,42-47, Jahrbuch für Evangelikale Theologie 12 (1998), 101-113. Ausführlicher: Ulrich Wendel, Gemeinde in Kraft. Das Gemeindeverständnis in den Summarien der Apostelgeschichte, Neukirchen-Vluyn 1998.
29 Die Informationen über die Purpurherstellung stammen bis hierher von Vilhlem Møller-Christensen und K. E. Jordt Jørgensen: Biblisches Tierlexikon, Konstanz 1969, 201-207.
30 Für diese Fakten vgl. Luise Schottroff: Lydia. Eine neue Qualität der Macht; in: Dies., Befreiungserfahrungen. Studien zur Sozialgeschichte des Neuen Testaments. Theologische Bücherei 83, München 1990; 305-309.
31 Vgl. Ivoni Richter Reimer: Frauen in der Apostelgeschichte des Lukas. Eine feministisch-theologische Exegese. Gütersloh 1992, 128-132. Richter Reimer nimmt auch für Thyatira die pflanzliche Purpurproduktion an.
32 Møller-Christensen / Jørgensen (vgl. Anm. 29), 203.
33 Ebd. 202.
34 Vgl. Ivoni Richter Reimer: Frauen in der Apostelgeschichte des Lukas (vgl. Anm. 31), 141 mit Anm. 250.
35 Vgl. ebd. 98-114.
36 Luise Schottroff, „Anführerinnen der Gläubigkeit“ oder „einige andächtige Weiber“? (vgl. Anm. 15), 295: „Dass die

Gebetsstätte der Frauen außerhalb des Stadttores am Fluss ist, ist eher mit der Lage von Purpurfärbereien außerhalb der Stadt in Zusammenhang zu bringen, als mit dem jüdischen Ritus.“

37 Vgl. Kapitel 4 (Auflehnung und Einverständnis), Anm. 15.

38 Luise Schottroff, „Anführerinnen der Gläubigkeit“ oder „einige andächtige Weiber“? (vgl. Anm. 15), 306.

39 Wiard Popkes: Reiseziel Mazedonien; in: Die Gemeinde Nr. 21, 24. Sept. 2000.

40 Luise Schottroff: Lydia (vgl. Anm. 30), 307f. Die „Nötigung“ bezieht sich auf Apg 16,15.

41 Näheres findet man in Anhang III und z. B. bei Smith / Kern (siehe Anm. 16), 96-102.

42 Vgl. Johannes Müller-Bardorff, Zur Exegese von 1. Timotheus 5,3-16. In: Gott und die Götter. Festgabe für Erich Fascher zum 60. Geburtstag. Berlin 1958, 125.

43 Es wird in dieser Weise verwendet von Plato, Josephus und Philo; die beiden letztgenannten stehen dem NT zeitlich nahe. Die Stellenangaben nach ihren wissenschaftlichen Abkürzungen: Plato, Gorgias 478d; Josephus, Bell. 2,493; Philo, Conf 46; Jos 73. Bei Philo, Congr 158 ist das Akkusativobjekt in der ersten Satzhälfte genannt und daher für die zweite Satzhälfte sinngemäß zu ergänzen; aber in der zweiten Satzhälfte, die das fragliche Wort „besonnen machen“ (σωφρονίζειν [sofronízein]) enthält, steht es eben nicht.

44 Hans Bürki, Der zweite Brief des Paulus an Timotheus, die Briefe an Titus und Philemon. Wuppertaler Studienbibel, Gießen / Basel 1983, 164.

45 Wohlenberg: Die Pastoralbriefe. Kommentar zum Neuen Testament XIII, Leipzig ^{2}1911, 241f. Für diejenigen, die Wohlenbergs Argumente im Wortlaut nachprüfen wollen, hier das Originalzitat (es wird nur für Fachtheologen interessant sein; daher bleiben die griechischen Worte hier unübersetzt):
„Das Objekt bleibt absichtlich ungenannt; denn τάς νεὰς κτλ. ist also solches nicht anzusehen. Warum σωφρονίζειν, das allerdings für gewöhnlich einen Acc. obj. bei sich hat, hier in der

Bedeutung: besonnen machen, jemand zur Zucht führen, durchaus ein solches Obj. haben müsse, ist doch nicht abzusehen (Es ergänzt sich ja aufs leichteste: alle, die im Bereiche der πρεσβυτίδες, ohne Verletzung des Anstandes, des σωφρονίζειν bedürfen, wenn auch nicht so leicht wie an der von Hofm[ann] aus Xen. Anab. 7.7.24 angeführten Stelle […].). Würde aber τάς νεὰς damit verbunden, welche Inkonzinnität! […] Und wäre es nicht eine bedenkliche Tautologie, wenn es bei der üblichen Verbindung hieße: sie sollen die jungen Frauen züchtig machen, daß sie züchtig seien, σώφρονας εἶναι? Man hat freilich gemeint, es zeige sich eine besondere Weisheit des Ap[ostels], wenn er statt Tit. selbst die alten Frauen damit betraut wissen wolle, sich der jungen Frauen seelsorgerlich, ermahnend und lehrend anzunehmen. Aber 1 Tm 5,2 wird doch Tim., der noch dazu ausdrücklich als auf der Stufe der νεότης stehend bezeichnet wird (1 Tm 4,12) und als junger Mann in Gefahr stand, Mißachtung zu erfahren, in einem ähnlichen Zusammenhang ermahnt, daß er »die alten Frauen ermahnen solle wie Mütter, die jüngeren als Schwestern«. Es wäre auch seltsam, wenn die Lehrtätigkeit der alten Frauen sich bloß auf die jungen verheirateten Frauen erstrecken sollte und nicht ebenso etwa auf unverheiratete und zumal auf Kinder […]. Denn um verheiratete Frauen handelt es sich in v. 4 und 5 […].“ (Inkonzinnität: „Unebenmäßigkeit“; zwei beieinander stehende Ausdrücke sind – z. B. grammatisch – nicht miteinander verträglich.)

46 Soweit ich sehe, war Johann Christian Konrad von Hofmann der erste nachprüfbare „Entdecker“ der vorgestellten Auslegung von Tit 2. Er schreibt (in: Die heilige Schrift neuen Testaments zusammenhängend erklärt. Sechster Theil: Die Briefe Pauli an Titus und Timotheus. Nördlingen 1874, 23f.): „Ihren Verkehr mit Jüngeren sollen sie dazu nützen, Gutes zu lehren, wie das vielleicht von Paulus selbst nach καλοποιός gebildete καλοδιδασκάλους besagt, um eine heilsame, zu verständigem Wesen erziehende Einwirkung zu üben, statt, wie es sonst wohl geschieht, faules Geschwätz zu verführen. Insge-

mein läßt man von σωφρονίζουσιν (vgl. z. Gal 4,17) zunächst τάς νεὰς und dann den Infinitivsatz abhängen. Aber σωφρονίζειν ist doch kaum geeignet, einen solchen Infinitivsatz bei sich zu haben (anders Xen. Cyrop. 3,1,20), und würde das davon abhängige εἶναι σώφρονας überflüssig machen. Auch hieße es wohl, wenn so verbunden sein wollte, schon der Deutlichkeit wegen ἵνα τάς νεὰς σωφρονίζουσιν. Und warum sollte Titus nicht ebenso wie Timotheus (1 Tim 5,2) die jüngeren Frauen selbst vermahnen? Aus der einen größeren Aufwand von Ermahnung (gegen Ellicott) oder strengere Behandlung erheischenden Beschaffenheit der kretischen Frauen würde es sich wenigstens nicht erklären (gegen Bengel). Daß aber σωφρονίζειν nothwendig ein Objekt bei sich haben müsse (so Huther), ist unrichtig (vgl. z. B. Xen. Anab. 7,7,24): es kann dessen ebenso entbehren wie παρακαλεῖν (vgl. z.B. 2 Tim 4,2)."
Zu beachten ist das zusätzliche Argument, dass auch ein anderes, entsprechendes Verb des Belehrens bei Paulus kein direktes Objekt haben muss (siehe den Verweis auf 2Tim 4,2).
Zwanzig Jahre später schrieb der niederländische Theologe J. J. van Osterzee (in: Die Pastoralbriefe und der Brief an Philemon. Vierte Auflage, durchgesehen und überarbeitet von K. Knoke. Bielefeld und Leipzig 1894, 143. [Teil 11 von: J. P. Lange, Theologisch-homiletisches Bibelwerk]): „Lehrerinnen des Guten, nicht publice (1.Tim 3,8), sondern privatim, wiewohl ausdrücklich durch das Wort der Ermahnung, wie dies aus dem unmittelbar Folgenden hervorgeht. [Vers] 4. *Damit sie zur Besonnenheit anregen*, ἵνα σωφρονίζωσι. Der Ausdruck steht hier für sich allein. Gedanke: das Verhalten der Matronen soll auf ihre ganze Umgebung einen mäßigenden Einfluß ausüben. – *Junge* (verheiratete) *Frauen ihre Männer*. Mit τάς νεὰς ist, wie bereits Hofmann gesehen, ein neuer Satz zu beginnen." (Hervorhebungen im Original)

47 Ute E. Eisen, Amtsträgerinnen im frühen Christentum (vgl. Anm. 1), 110.

48 Ingeborg Kruse: Und Priska ließ sich nicht beirren. Frauengeschichten aus dem frühen Christentum. Gütersloh 1994, 134.

49 Ebd. 61. – Hier ist Tit 2,3ff offenbar als Beispiel für frauenunterdrückende Äußerungen Paulus' gebraucht, während Kruse auf S. 134 auf die Ermächtigung der Älteren zum Lehren hinauswill: Die Stelle ist Beleg für die „Fülle bedeutender Christinnen in den ersten drei Jahrhunderten unserer Zeitrechnung" (ebd. 133). Die Beurteilung von Tit 2,3ff. schwankt also.

50 Die Textbeispiele ließen sich vermehren. So schreibt Ulrike Wagener (Die Ordnung des „Hauses Gottes". Der Ort von Frauen in der Ekklesiologie und Ethik der Pastoralbriefe. Wissenschaftliche Untersuchungen zum Neuen Testament II 65, Tübingen 1994, 91f.): „In der Ständeparänese Tit 2,2-10 werden Mahnungen für ältere Männer, ältere Frauen, jüngere Frauen und jüngere Männer gegeben, wobei formal auffällig ist, daß die Ermahnung der jüngeren Frauen in eine Anweisung an die älteren Frauen eingekleidet wird Tit 2,3-5 [...] Der älteren Frau wird die Rolle zugeschrieben, die junge Ehefrau über ihre Pflichten zu belehren."

51 An dieser Stelle ist interessant, dass Paulus die Unterordnung der Frauen mit dem Gesetz begründet. Doch „da es im Alten Testament keine Stelle gibt, in der Unterordnung der Frau vorgeschrieben wird, gebraucht Paulus das Wort »Gesetz« hier möglicherweise im Sinne von »Tradition«. Die damaligen Traditionen schränkten in der Tat das öffentliche Auftreten von Frauen stark ein." (Smith / Kern, Ohne Unterschied? [Vgl. Anm. 16], 86.) – Ohne die Bibel relativieren zu wollen: Scheint es hier nicht Paulus selbst zu sein, der erkennen lässt, wie zeitbedingt die Unterordnung der Frau ist?

Weitere Literatur für Sie!

Sue und Larry Richards

Alle Frauen der Bibel

978-3-7655-1949-9

Lynn Smith/Ingrid Kern

Ohne Unterschied?

978-3-7655-1200-1

Carolyn Custis James

Gottes verlorene Töchter

978-3-7655-1941-3

Elke Werner

Frauen verändern diese Welt

978-3-7655-3836-0

Lynn Smith

Mentoring für Frauen

978-3-7655-1393-0